研发工作精益管理丛书

教育部人文社会科学项目
“企业研发人员隐性知识的结构及测量研究”研究成果
（项目编号：11YJC630113）

R&D

研发管理
制度与表单精益设计

郭宾雁◎编著

人 民 邮 电 出 版 社
北 京

图书在版编目（CIP）数据

研发管理制度与表单精益设计 / 郭宾雁编著. -- 北京 : 人民邮电出版社, 2016.10（2022.11重印）
（研发工作精益管理丛书）
ISBN 978-7-115-43716-7

Ⅰ. ①研… Ⅱ. ①郭… Ⅲ. ①技术开发—企业管理制度 Ⅳ. ①F272.9

中国版本图书馆CIP数据核字(2016)第238393号

内容提要

互联网时代，企业要想赢得竞争的主动权、抓住用户，在创新和研发工作中就必须引入快速迭代以及开放式创新等新理念；同时，更应该采用专业、实用的工具，做好研发精益管理，推动研发成果尽早落地。

制度与表单是企业开展精益管理必不可少的两大工具。本书围绕研发管理制度与表单的设计、执行与落实三大主题，对企业研发团队建设、研发调研规划、产品技术设计、产品开发、产品试制投产、产品技术改进、产品研发评估、产品研发成本管理、技术研发管理、工艺研发管理、知识产权管理、技术研发类人力资源管理共12项具体工作进行了制度与表单方面的规范，方便研发管理人员以此为工具，推进研发精益管理工作。

本书适合企业管理人员尤其是研发管理人员阅读，也适合企业培训师、咨询师以及高校相关专业师生阅读。

◆ 编　　著　郭宾雁
责任编辑　许文瑛
责任印制　焦志炜
◆ 人民邮电出版社出版发行　　北京市丰台区成寿寺路11号
邮编 100164　电子邮件 315@ptpress.com.cn
网址 http://www.ptpress.com.cn
北京虎彩文化传播有限公司印刷
◆ 开本：787×1092　1/16
印张：15　　2016年10月第1版
字数：180千字　　2022年11月北京第15次印刷

定　价：49.00元

读者服务热线：（010）81055656　印装质量热线：（010）81055316
反盗版热线：（010）81055315
广告经营许可证：京东市监广登字20170147号

“研发工作精益管理丛书”序

随着大数据、云计算、移动互联网等技术的广泛应用，企业的经济活动发生了巨大的变化。各个组织之间虽彼此独立，却又相互依存、相互影响，开放、合作、共享已成为互联网时代企业的生存法则。

互联网思维方式的核心是开放式创新，这就要求企业的研发工作不应只局限于企业内部，更应让用户参与进来，在企业和用户的互动协作之中创造价值。在这个过程中，企业的研发工作需要引入精益管理的思维，用专业性、实务型的工具，帮助企业规范研发工作。企业只有在明晰岗位职责、按制度执行、按流程办事的情况下，才能**执行到位、执行专业、执行有效**，才能提高研发效率，更具竞争力。

“研发工作精益管理丛书”旨在帮助企业做好研发精益管理，使研发管理过程中各项工作的执行更规范、更有效率。本系列图书以研发精益管理为中心，在提供研发管理各岗位职责的同时，还为研发岗位任职者提供了各种可以借鉴的**制度范例、文书模板、执行流程和工具表单**，可以帮助管理者有效解决研发工作浮于表面、不出成果的问题。

本套丛书共包括《研发各岗位职责与考核精益管理》《研发管理制度与表单精益设计》《研发管理流程与节点精益设计》《研发管理关键点精益设计》《研发管理文书与方案精益设计》五本，其内容特色具体如下。

1. 岗位职责与考核精益化

本套丛书按组织设计和工作分析的原理，从部门、岗位两个层面，为企业的部门职能设计和岗位职责设计提供了**工具化、实务化、精益化**的解决方案，旨在帮助企业设计科学、高效的部门职能和岗位职能，提高相关岗位人员的工作效率及组织的经营效率。

2. 管理制度与表单标准化

本套丛书设计了研发管理过程中实用的标准化管理制度，并提供了与该制度紧密相关的表单，给出了精益化、可执行的范本，方便企业“拿来即用”，并确保了每一份制度的执行效果。

3. 管理流程与节点规范化

本套丛书设计了研发管理过程中的主要流程图，并对流程图中的关键节点进行了细化说明，明确了各个节点的权责分工、具体事项说明、输入输出文件等内容，使得业务执行过程规范化、高效化。

4. 管理文书与方案模板化

本套丛书对研发管理过程中所需的各类文书、方案进行了模板化的设计，为业务管理人员和执行人员提供了模板范例及参照范本，这些工具模板可直接套用或稍改即用。

5. 各项业务关键点清晰化

本套丛书从研发工作设计的各项业务分析入手，确定了各项业务的主要风险点、流程图；分析了各流程中的关键节点，进而确定了各项业务的关键点；接下来还对各项业务的关键点进行了一一剖析，并用图、表、流程的形式清晰地展现出来。读者阅读之后能够快速了解研发管理的各项业务，并顺利开展实际工作。

总之，"研发工作精益管理丛书"本着**岗位职责与考核管理精益化、制度与表单标准化、流程与节点规范化、文书与方案模板化、业务关键点清晰化**的设计理念，通过岗位职责与考核、制度与表单、流程与关键节点、文书与方案、业务关键点等实用模块，为读者提供了全方位的研发精益管理工作指导，是研发管理人员必不可少的工具书。

前　言

互联网发展势头迅猛，不断颠覆商业模式，同时衍生出一批全新的产品概念。研发工作的管理也应当与时俱进，确保研发出的产品更具竞争力。

要想做好研发管理，改善研发成果，除了要应用互联网技术，更应该采用专业、实用的工具，做好研发精益管理工作。制度与表单是企业进行规范管理和精益管理必不可少的两大工具。

本书按照研发管理工作涉及的各大事项，设计了在互联网时代研发管理过程中会用到的各类制度，并辅以配套的表单。

本书以研发部门的具体管理工作为基础，详述了研发团队建设、研发调研规划、产品技术设计、产品开发、产品试制投产、产品技术改进、产品研发评估、产品研发成本、技术研发、工艺研发、知识产权、技术研发类人力资源共 12 项研发工作内容的管理，同时提供了与上述内容模块相关的制度及表单。本书主要有以下三大特点。

1. 全面构建规范化管理制度体系

本书从制度与表单的设计、执行入手，同时以研发工作的研发调研规划、产品技术设计、产品开发、产品试制投产四个关键环节为主线，设计了研发管理与执行过程中可能会用到的制度与表单，构建了完善的研发制度与表单管理体系。这些制度与表单可以帮助研发管理人员更有效率地执行各项工作。

2. 提供制度表单设计思路和范例

本书开篇介绍了制度与表单设计的方法、思路和要求，然后针对研发管理 12 大事项逐一细化，详细地设计了这些事项所需的制度和表单范例，为读者自行设计提供了**操作指南和参照范本**。这些范本对不同的企业有较好的通用性，方便企业“拿来即用”或“稍改即用”。

3. 制度表单配套呈现，实用性强

本书不仅设计了研发管理过程中实用的管理制度，还在制度后面提供了与该制度的执行紧密相关的工具表单，打造出一套高度系统性、高度规范化的制度范本，提升了制度和表单的可执行性，帮助研发管理人员更规范、更高效地开展工作。

综上，本书涵盖了企业研发管理规范化制度体系建设中的关键问题和细节，书中所设计的管理制度与表单具有系统性、实用性的特点，研发管理相关工作人员可以此为工具，做好研发精益管理。

在本书编写的过程中，孙立宏负责资料的收集和整理，贾月、邹霞负责图表编排，程淑丽参与编写了本书的第 1 章，郭宾雁、滕金伟参与编写了本书的第 2、3 章，刘晓伟参与编写了本书的第 4、5 章，李文武参与编写了本书的第 6 章，李作学、毛文静参与编写了本书的第 7、8 章，孟庆宇参与编写了本书的第 9 章，杨晓溪参与编写了本书的第 10、11 章，王淑燕参与编写了本书的第 12 章，李金山参与编写了本书的第 13 章，全书由郭宾雁统撰定稿。

目　录

第1章 研发管理制度与表单设计

1.1 互联网时代研发工作的新特点

从蒸汽机技术到电力技术再到现如今的互联网技术，技术对人类经济社会不断产生深远的影响。互联网改变了人们的工作生活习惯，不断颠覆各种商业模式。

研发工作互联网化是当今时代不可阻挡的趋势之一，研发人员应该主动拥抱互联网，而不是被动地等待。

1.1.1 融合势在必行

1. 与新技术融合

大数据、移动互联网、云计算、O2O、物联网等技术名词被越来越多的人提及。研发人员要充分利用互联网时代下的信息基础设施，将研发工作与新技术融合，开拓研发思路，提升研发能力。

2. 与大数据融合

大数据是基于数据量化和互联，通过分析、挖掘和应用，以达到整个世界高度智能化的一种思维方式与做事方法。企业研发人员要学会利用数据挖掘技术进行客户细分，用数据解读客户的需求及购买偏好，根据客户需求设计针对性的产品，且让客户能以更低的价格获得产品及服务，从而提高企业的竞争力。

3. 与云计算融合

云计算是基于使用者需求而开发的一种计算技术。它可以在数秒内处理数以千万计甚至亿计的信息，并在此基础上提供超级强大的服务。

研发人员通过云平台可以连接大众智慧，共同开发产品，以群体智慧加速产品研究开发的过程，极大地缩短企业的研发周期；通过云平台能够与用户直接接触，使企业更便捷地获取第一手用户需求资料，增大产品与市场的契合度，降低产品投放市场之后的失败率。

4. 与新媒体融合

新媒体是以数字信息技术为基础，以互动传播为特点、具有创新形态的媒体。新媒体的主要特征是交互性与即时性，海量性与共享性，个性化与社群化。研发人员的工作与新媒体融合，其结合点主要在于产品的营销渠道。交互式媒体的展现有益于企业与用户之间的深度互动，增加用户的参与感，并将用户参与的感受融入到研发的改进工作中。

1.1.2 用互联网思维指导研发工作

互联网思维是指在互联网、大数据、云计算等科技不断发展的背景下，对市场、对用户、对产品、对企业价值链乃至对整个商业生态进行重新审视的一种思考方式，其具体内容包括以下四个方面。

1. 痛点思维

研发人员在开展新品研发项目时，不仅要寻找需求，更要寻找消费者的需求痛点。找出痛点要经过长期观察和挖掘，不可能一蹴而就。寻找需求痛点的思路主要有两个，具体如图 1-1 所示。

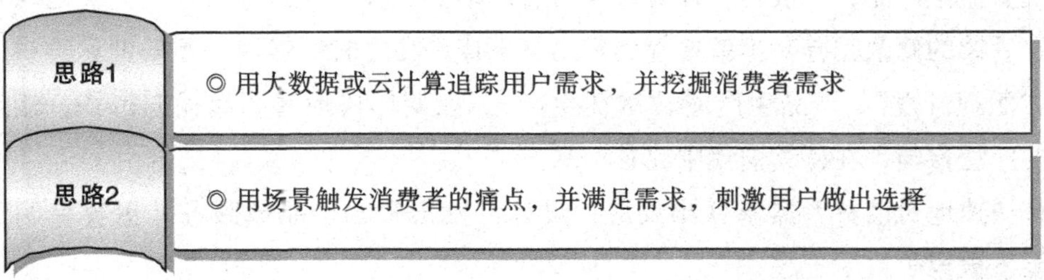

图 1-1 寻找消费者痛点的思路

2. 平台思维

平台思维就是开放、共享、共赢的思维，其关键是要连接多方资源，以共赢的方式发挥各方所长，从而达到 1 +1 >2 的效果。

平台化思维不仅要着眼于组织内部，更要放眼于外部，考虑如何从其他平台上整合外部资源。对处于“互联网 +”时代的企业来说，要想发展壮大，就应该与资源平台相结合。

运用好平台思维需要注意以下两点，具体如图 1-2 所示。

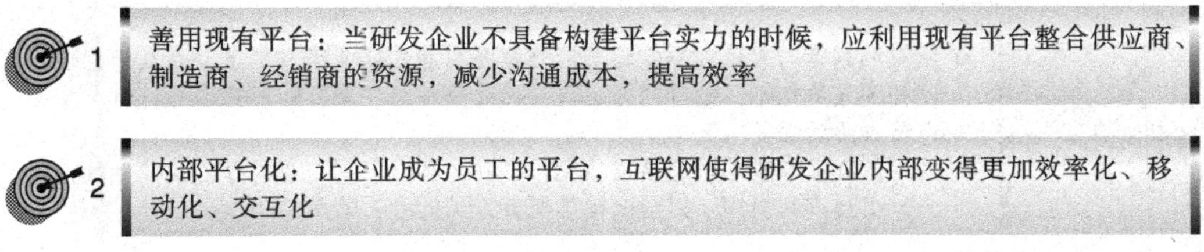

图 1-2 运用平台思维注意事项

3. 用户思维

“互联网 +”时代的市场，大部分已经由原来的厂商主导型转变为消费者主导型，在此背景下，研发人员应当真正以用户为中心，深度理解用户，创造用户全过程的最佳体验。而以研发为核心的企业应当鼓励研发人员真正近距离接触用户，了解用户的使用习惯、需求点，在对研发工程师的考核中也可适当加入收集用户有效意见、用户体验次数及成效等考核指标。

用户思维使设计师、研发工程师和用户的角色发生了微妙的变化：用户更像是产品的设计者和改造者，设计师和研发工程师则更多地扮演起了协调者、配合者和观察者的角色；后者更注重以多元的角度挖掘用户的意识和需求，并将用户的需求落实到产品的研发细节中。

4. 迭代思维

传统企业做产品，一般是设计好产品之后，不断完善，等到产品近乎完美之时将其投向市场，后续的修改完善基本就要等到推出下一代产品之时。然而，互联网思维讲究研发工作应“敏捷开发”、产品生产应“敏捷生产”，以期尽快地将产品投向市场，然后再通过用户的广泛参与，在持续迭代中完善产品。

只有快速地对消费者需求做出反应，设计开发出来的产品或服务才更容易贴近消费者，才能不被竞争对手赶超。

1.1.3 互联网技术对制度制定工作的影响

在企业内部管理方面，制度是规范员工行为的主要标尺，科学、有效的管理制度体系及配套的执行表单是企业开展精益管理的重要保障。企业应该结合互联网技术使研发管理制度的制定、执行更加规范高效（具体如图 1-3 所示）。

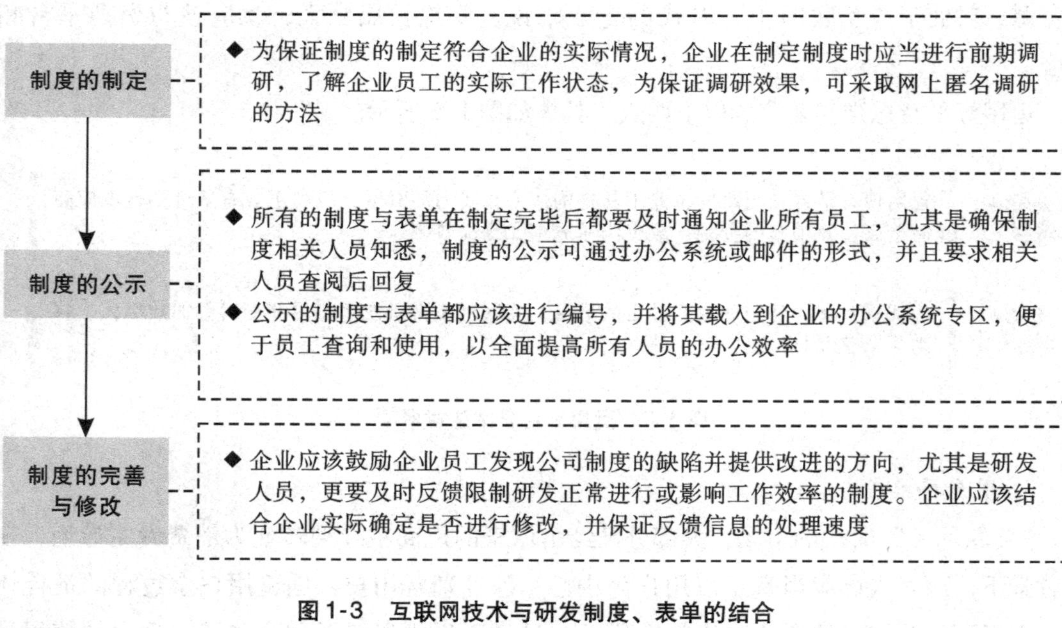

图 1-3 互联网技术与研发制度、表单的结合

1.2　管理制度设计

从狭义方面来讲，管理制度一般是指一个组织（企业、事业单位、各种团体）为实现某一目标或完成某一任务，要求全体成员共同遵守的办事规程或行动准则，如工作制度、财务制度、作息制度、教学制度等。

要想使企业管理制度体现其价值，首先就需要进行规范化的设计，使设计出来的管理制度符合图 1-4 所列的四个特性。

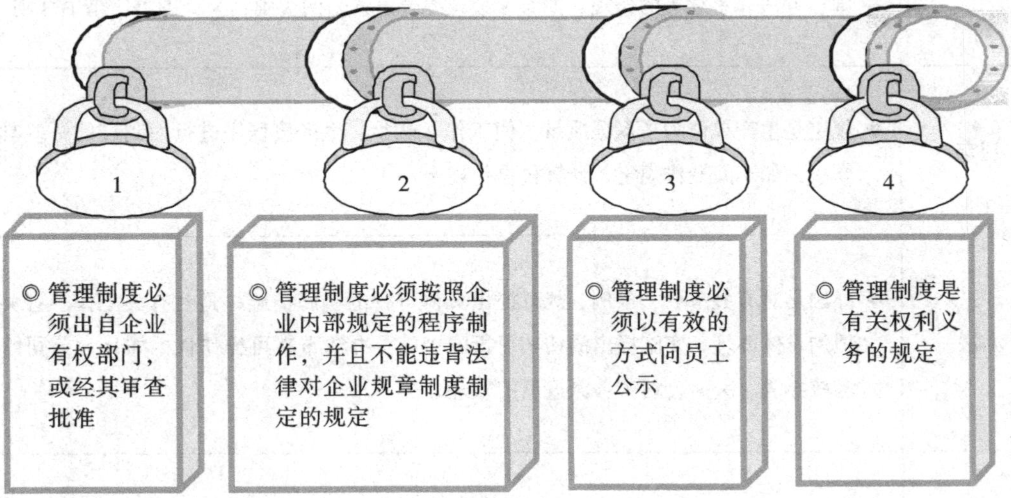

图 1-4　管理制度的四大特性

1.2.1　对管理制度分类设计

管理制度的分类并没有严格的界限，不同行业、不同部门，对管理制度的具体称谓也不太一样，其所起的作用及使用的范围也不同。总体来说，管理制度主要有以下几类（如表 1-1 所示）。

表 1-1　管理制度的类别

类别	具体内容
章程	◆ 章程是企事业单位、社团经特定的程序制定的关于组织规程和办事规则的法规文书，是一种根本性的规章制度。如果企业注册的是有限责任公司或者股份有限公司，在办理营业执照时，工商部门会将公司章程一同交给企业，作为企业的根本准则

（续表）

类别	具体内容
制度	◆ 制度是有关单位和部门制订的要求所属人员共同遵守的准则，是企事业单位开展某项具体工作或完成某个具体事项时必须遵守的行为规范，如××公司安全生产制度、××公司人事管理制度
规则	◆ 规则是企事业单位为维护劳动纪律和公共利益而制定的要求大家遵守的关于工作原则、方法和手续等的条规，如××公司办公设备采购规则、××图书馆借书规则
规定	◆ 规定是生产单位为了保证质量，使工作、试验、生产按程序进行而制订的一些具体要求，如车间操作规定、计算机操作规定
办法	◆ 办法是对有关法令、条例、规章提出具体可行的实施措施；是对有关工作、有关事项的具体办理、实施提出的切实可行的措施。办法重在可操作性，如××公司绩效考核办法、××公司劳务派遣员工管理办法
细则	◆ 细则是为实施"条例""规定""办法"所作的详细、具体的规定，其对贯彻方针、政策起具体说明和指导的作用

1.2.2 对管理制度分层设计

按照企业管理制度的层级性，管理制度也可以分为企业级制度、管理级制度、部门级制度、业务级制度、员工级制度等。不同层级的制度对应不同的制度类别，如图 1-5 所示。

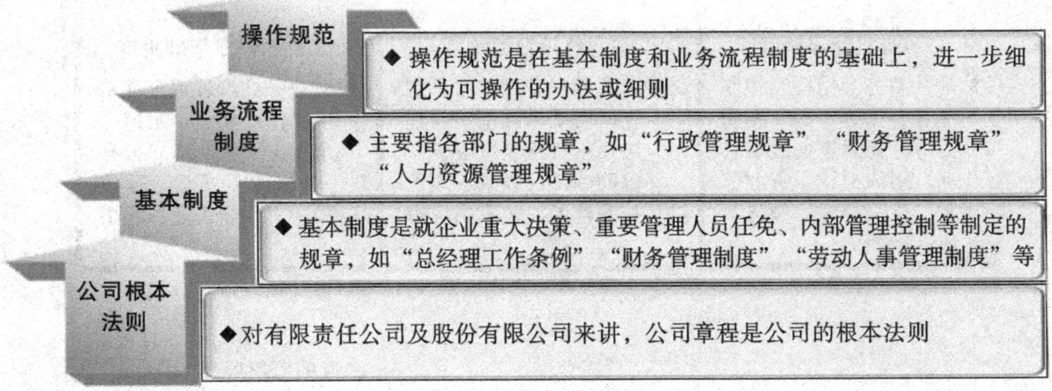

图 1-5　管理制度分层设计

1.2.3　明确管理制度的范围

无论是何种类别、何种级别的制度，企业制定它的目的主要在于规避问题的出现或将已发生的问题控制在一定范围内，以避免或减少损失，保证企业经营活动正常、有序。

制度不同，要考虑的问题也不尽相同，经过归纳总结，企业设计管理制度时应考虑到的规范范围如图 1-6 所示。

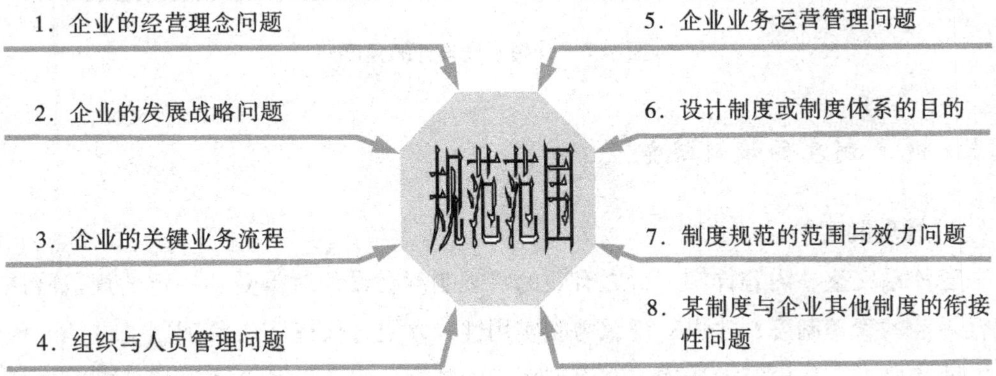

图 1-6　企业管理制度规范的范围

1.2.4　找准管理制度的定位

企业管理制度能得到有效执行的前提条件是准确、清晰而科学的定位。制度设计人员在设计或修订制度时，可依据企业经营管理的需要及解决问题的需要，从以下 6 个角度（如图 1-7 所示）切入。

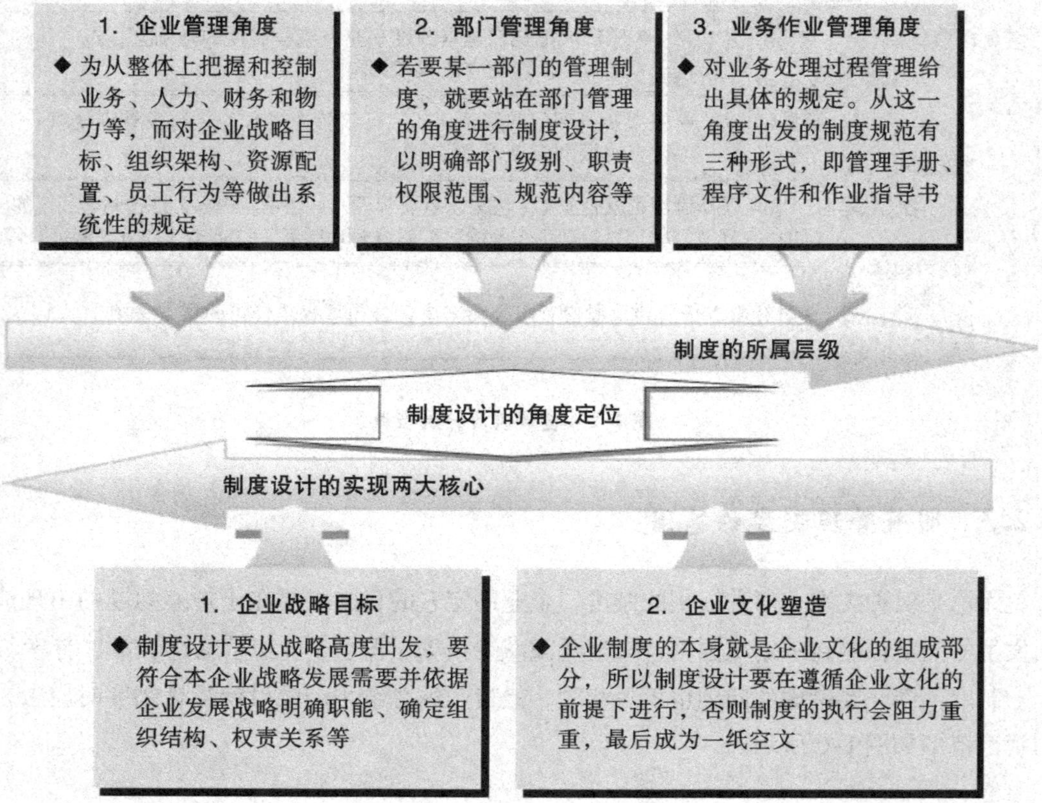

图 1-7 管理制度设计的角度

1.2.5 统一制度的设计规范

（1）管理制度的设计原则

一套体系完整、内容详实、行之有效的管理制度在设计时需受到一定的规范限制，只有符合规范的管理制度，才更有说服力和实用性，才更方便落实。管理制度设计一般要遵循五方面的要求，从内容的严谨、全面到形式的美观、得体，从合法合规性到有效性，具体如图 1-8 所示。

合法合规

◎ 符合国家法律、法规的要求和国家强制性标准，下级单位的制度服从上级单位的制度
◎ 明确制度制定主体的权利
◎ 制度必须经过公示才能生效

内容充分

◎ 符合公司整体发展战略和方向；在内容基本稳定的同时要与时俱进
◎ 制度中规定的权利和义务必须保持一致；明确制度执行和解释的部门
◎ 明确制度的效力范围

形式美观

◎ 制度框架统一：标题、总则、主体内容、附件、相关制度与资料
◎ 制度格式统一：字体、字号、目录排列、页边距、页眉页脚等一系列格式统一
◎ 制度编写要简洁、直接并易于操作

适宜性

◎ 符合公司最新发展动向，能在一定时间和一定范围内普遍适用
◎ 逻辑性强、有条理；语言通俗易懂

有效性

◎ 规定制度各种文本的效力，并用书面或电子文件的形式让员工了解
◎ 制度有效性最主要的是要切合公司的实际

图 1-8　管理制度设计的原则

（2）制度设计的“三符合、三规范”

一套体系完整、内容合理、行之有效的管理制度要求制度设计人员在设计管理制度时遵循一定的编写要求，即达成“三符合、三规范”，具体如表 1-2 所示。

表 1-2　管理制度内容编制规范的具体要求

设计规范	具体说明	
三“符合”	◆ 管理制度的内容应当符合管理者最初设想的状态、符合企业管理科学原理、符合客观事物发展规律或规则	
三“规范”	规范制度制定者	◆ 品行好，公正、客观，有较好的文字表达能力和分析能力，熟悉企业各部门的业务及具体工作方法 ◆ 了解国家法律、社会公共秩序和员工风俗习惯，明确制度的制定、审批、修改、废止等程序及权限 ◆ 制度所依资料全面、准确，能反映生产经营活动的真实面貌

（续表）

设计规范		具体说明
三“规范”	规范制度内容	◆ 合法合规：制度内容不违反国家法律法规和公序良俗，确保制度有效、内容完善，制度体系完善、科学、系统，内容需规范、有效、有的放矢 ◆ 形式美观：制度框架格式统一、简明扼要、易操作，简洁、无缺漏 ◆ 语言简练，条理清晰，前后一致，符合逻辑 ◆ 制度的可操作性要强，注意与其他规章制度的衔接 ◆ 规定制度涉及的各种文本的效力，并用书面或电子文件的形式向员工公示或向员工提供接触标准文本的机会
	规范制度实施过程	◆ 明确培训及实施过程、公示及管理规定、定期修订规定等内容 ◆ 营造规范的执行环境，减少制度执行中可能遇到的阻力 ◆ 规范全体员工的职责、工作行为及工作程序 ◆ 制度的制定、执行与监督应由不同人员担当 ◆ 记录制度执行的情况并保留

1.2.6 制度设计方法与步骤

（1）管理制度设计方法

管理制度设计的5大方法及具体内容如图1-9所示。

专题专议法

◎采用专题专议法是就每一个专题内容而言，因此，要注意内容的准确性、规范性和实用性

解释说明法

◎解释说明法可以是对某一个问题的详细解释，也可以是对某个工作的说明指导或应用说明

依照细分法

◎依照细分法是对已有的制度规范或者相关的法律法规进行内容的细分

问题分析法

◎问题分析法是对已经发生或即将发生的管理问题、业务问题或者是流程问题进行分析

导图设计法

◎导图设计法是通过借用导图文件或者纸面导图进行管理制度的设计

图1-9 管理制度设计的方法

（2）管理制度的设计步骤

企业管理制度设计人员在设计管理制度时，不仅要了解所处的内外部环境，紧跟企业和整个宏观环境的变化情况；还应遵循相应的步骤，循序渐进地开展制度设计工作。具体而言，管理制度设计的步骤如图 1-10 所示。

制度目标	◆ 企业制定管理制度的主要目的在于保证经营活动的正常运行，具体来说：一是建立预警机制，规避可能会发生的问题；二是减少问题造成的损失
制度定位	◆ 制度设计人员在设计制度时，要明确立足点，根据制定各项制度的目标及原因选准角度，如战略角度、企业管理角度、部门管理角度、业务角度、人员角度、工作流程等
调研访谈	◆ 制度设计人员应进行调研访谈，包括企业目前所处的内部环境和外部环境，企业未来将要面对的内外部环境；企业目前存在的问题；业务中需要特别注意的事项等
制度起草	◆ 根据制度目标和制度定位确定制度的风格和写作方法，在调研的基础上进行制度内容规划、形成纲要，拟定条文、形成草案，并且严格遵循制度规范
制度定稿	◆ 制度定稿应具可行性和相对稳定性，并提交给相关领导或主管部门批准
制度执行	◆ 制度定稿在企业内部试行，让广大员工发表建议和意见，在制度执行前可以先发一个关于制度试运行的通知
制度完善	◆ 在制度执行过程中，根据广大员工的建议和意见，对操作过程中出现的不足和纰漏作修改或完善
制度公示	◆ 制度只有公示之后才生效，企业管理者应选择能够让全体员工都能知晓的渠道进行制度公示

图 1-10　管理制度设计的步骤

1.2.7　管理制度内容分项设计

（1）管理制度的内容构成

管理制度的内容主要由四部分构成，即标题、总则、正文和结尾，具体如图 1-11 所示。

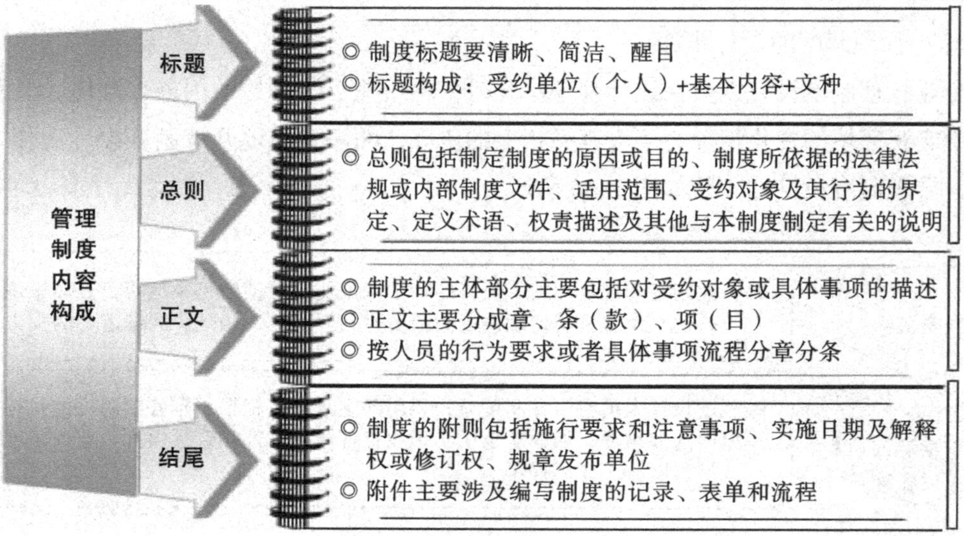

图 1-11　管理制度内容构成

（2）管理制度的结构

管理制度一般按章、条、款、项、目结构表述，内容简单的制度可不分章，直接以“条”的方式表述。

①制度“章”的编写。先概括出制度所要讲述的主要内容，然后通过完全并列、部分并列和总分结合的方式确定各章的标题，再根据章标题具体分析每章的内容。

②制度“条”的编写要点如图 1-12 所示。

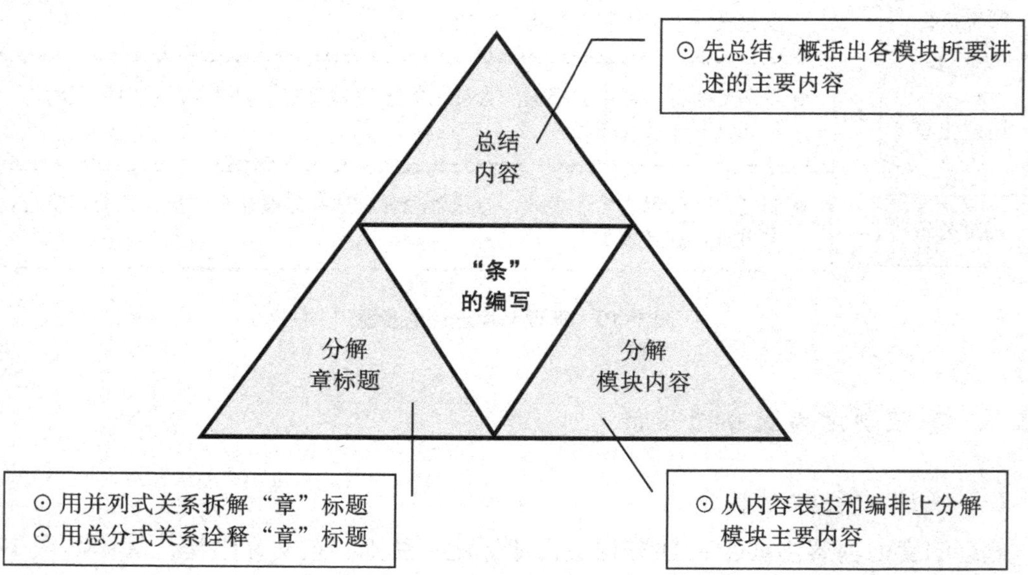

图 1-12　编写“条”的注意事项

③制度“款”的编写。“款”是“条”的组成部分，“款”的表现形式为“条”中的自然段，每个自然段为一款，每一款都是一个独立的内容或是对前款内容的补充描述。

④制度“项”的编写。“项”的编写可以采用三种办法：梳理肢解“条”的逻辑关系；直接提取“条”的关键词语；设计一套表达“条”的体系。“项”的编写一定要注意具体化，通过具体化可以实现五个目标，具体如图1-13所示。

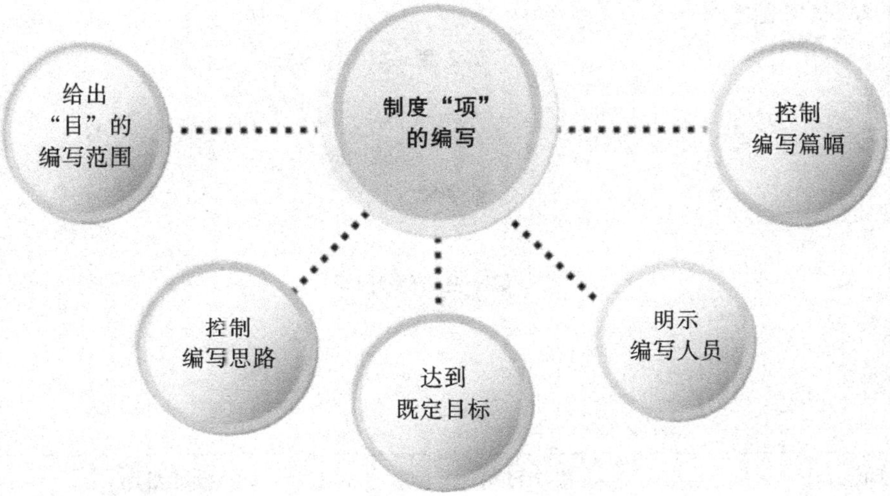

图1-13 编写“项”的5个目标

（3）制度内容编写注意事项

制度内容编写过程中，一定要注意以下四个问题。

①要制定统一的文本格式和书写要求：包括结构、内容、编号、格式、图标、流程、字号、文字等都要予以说明。

②凡属涉及两个部门或多个部门共同管理、操作的业务，在编写时要注意分清职责界限，完善组织接口的处理。

③制度内不能包含口头语，要使用书面语。

④制度是告诉人们在做某件事时应遵循的规范和准则。因此，写制度时无需将制度条款涉及的知识点罗列出来或进行知识点介绍。

（4）管理制度的模板

根据以上介绍的管理制度设计的方法、规范、步骤及管理制度所包含的内容，设计出的管理制度的模板如下所示。

<table>
<tr><td rowspan="2">制度名称</td><td rowspan="2" colspan="3"></td><td>受控状态</td><td></td></tr>
<tr><td>编　号</td><td></td></tr>
<tr><td>执行部门</td><td></td><td>监督部门</td><td></td><td>编修部门</td><td></td></tr>
<tr><td colspan="6">第 1 章　总则
第 1 条　目的
第 2 条　适用范围
第 2 章
第__条
第__条
第 3 章
第__条
第__章　附则
第__条
第__条</td></tr>
<tr><td>编制日期</td><td></td><td>审核日期</td><td></td><td>批准日期</td><td></td></tr>
<tr><td>修改标记</td><td></td><td>修改处数</td><td></td><td>修改日期</td><td></td></tr>
</table>

1.3　管理表单设计

表单化管理是提升管理水平、提高管理效率的有效方式之一，与管理制度配套的管理表单，发挥着补充制度内容、丰富制度形式、促进制度进一步落实与执行等重要作用。设计出的表单要求简洁、明了，易操作，利于执行。

1.3.1　认知管理表单功能

管理表单是指以直观的表格及简洁的文字将文本内容中的关键节点以表格的形式展现出来。表单的设计过程本身就是对文本的理解和对过往经验的总结过程。

将文本内容制作成工作表单，员工按照工作表单执行项目，可以在很大程度上降低执行成本；另一方面，员工作业时，只需要按照工作表单规定的步骤和内容执行就可以，不需要靠对文本的记忆来执行，使复杂的问题简单化。

例如，企业描述自己的战略规划时大多用文本形式来表述：××公司未来几年的发展方向是××××，计划占领市场份额____%，盈利能力达到____。这样的表述显然不够清晰，而且员工不能明确在这几年时间里具体每一段时间中应该达到什么样的目标。但是，如果将其量化分解成表单，则一目了然，而且使战略规划这一复杂的系统变得简单、易懂，如表1-3所示。

表1-3 企业战略目标量化分解

战略目标		____年	____年	____年
盈利能力	利润额			
	销售利润率			
	投资收益率			
市场	市场占有率			
	销售额			
	销售量			
生产	投入产出比			
	年产量			
	产品成本			

1.3.2 认知管理表单分类

管理表单分类方法是多种多样的，一般企业将管理表单按部门分类，具体分为财务管理表单、行政管理表单、人力资源管理表单、物流管理表单、生产管理表单、客户管理表单、项目管理表单和车辆管理表单等。

所有的表单都有对应的编号，便于查询和使用。随着企业的发展壮大和办公系统的上线，企业应将所有的表单放入办公系统中，员工可根据自己的需要到办公系统中下载打印，以全面提高办公效率。

企业还可以按照表单内容进行分类，具体可分成行政表格、统计表格和记录表格，如图1-14所示。

行政表格

行政表格是指根据企业相关规章制度制作的附属表格，包括行政处罚或奖励的表格及流程操作表格

统计表格

统计表格是对某一事物在一段时间内的相关信息进行跟踪、收集、整理的表格

记录表格

记录表格是反映某个部门某个岗位在某一段时间内发生情况的记载性表格，它便于查证和总结

图 1-14 管理表单的分类

1.3.3 统一表单设计规范

管理表单的规范性是指表单的制作和表单内容的填写都是有规范性要求的，如图 1-15 所示。

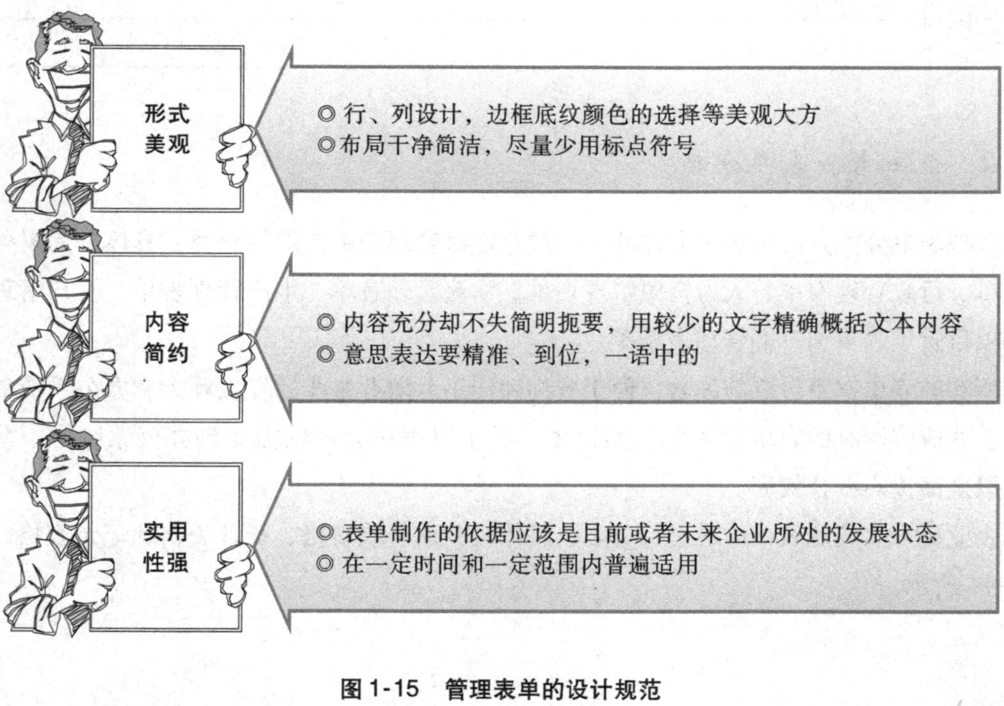

图 1-15 管理表单的设计规范

1.3.4 管理表单设计步骤

管理表单是一个行与列有规则排列的网络，表单中存储数据及编辑数据的方格称之为单元格。设计管理表单就是将表单的行、列看成坐标的横轴和纵轴，将需要表达的内容植入坐标中予以展现的过程。

管理表单的绘制工具有Word或者Excel，一些流程性工作表单也会用到Microsoft Access。考虑到企业中最经常使用的是Word制作的表单，因此仅介绍Word绘制表单的步骤，如图1-16所示。

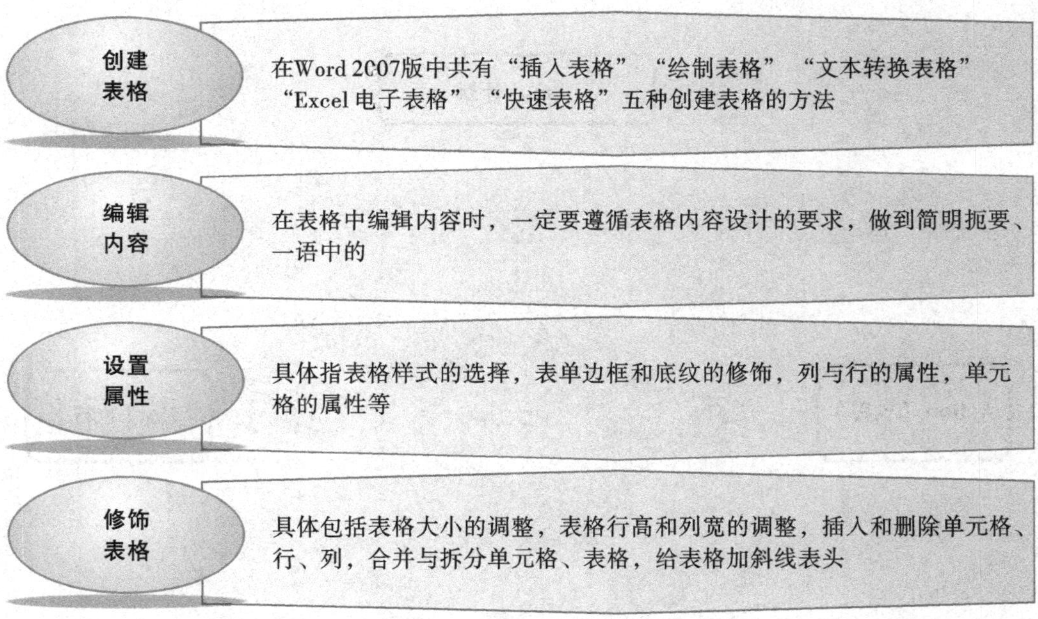

图1-16 表单绘制步骤图

1.3.5 管理制度附表制作

一般在制度的结尾处会附上一些附件，包括与本制度关联的规章制度、执行表单、方案报告等。其中，执行表单即可称为制度附表。制度附表的作用是对制度中所提到的相关条款作详细说明或者补充，从而提升制度的可执行性。制度附表的制作要求和步骤与管理表单基本一致，在此不再详述。

1.4 制度与表单的执行

制度和表单的执行效果会受到多种因素的综合影响。在实现由“人治”“人情”管理向制度化管理的转变过程中，企业管理人员既不能急于求成，也不能流于形式，而要营造良好的制度化管理氛围，确保已成文的制度得到严格执行。

管理学上有一个著名的循环，叫作 PDCA 循环，又名戴明环，管理制度与表单的执行过程就是 PDCA 管理循环的直观表达。管理制度表单最终在企业中广泛推广一般会经过“计划—执行—检查—改善”的过程，如图 1-17 所示。

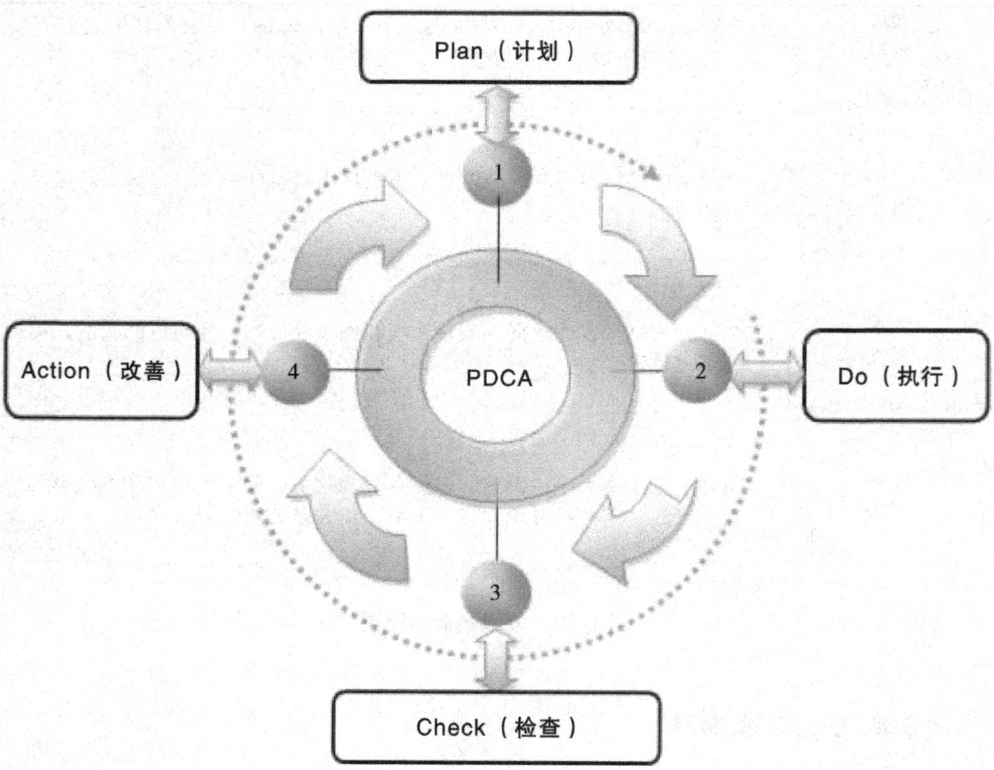

图 1-17 PDCA 循环

1.4.1 制度公示生效

制度一经制定，就要为企业的运营和发展服务，而非束之高阁。因此，经批准后的各项规章制度，企业应当以适当的方式向全体员工公示。

（1）选择制度公示的方式

一般来说，常用的制度公示方式有 4 种，具体如图 1-18 所示，企业可根据实际情况选择运用。

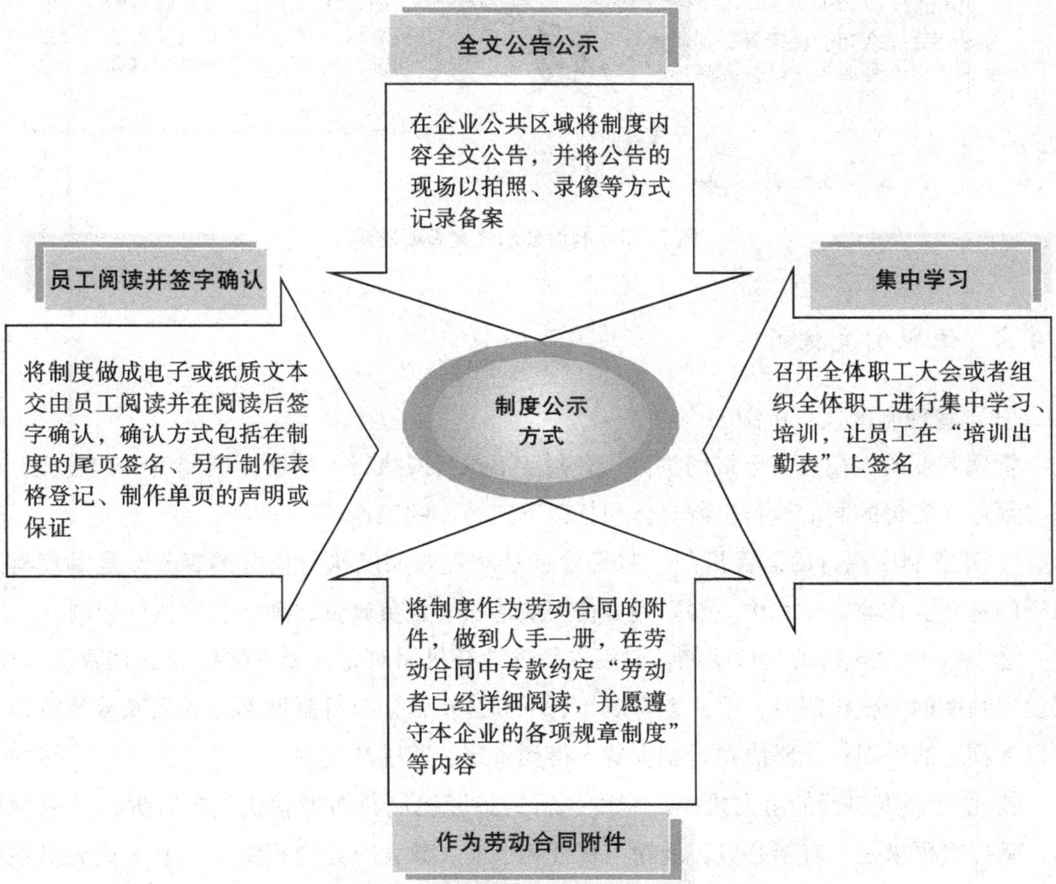

图 1-18　制度公示的 4 种方式

（2）制度公示的注意事项

作为企业的经营管理人员或人事管理人员，在做制度公示工作时一定要细心谨慎，注意落实以下两大事项（如图 1-19 所示）。

图 1-19　制度公示注意事项说明

1.4.2　依照制度执行

（1）管理制度执行机制的内容

管理制度的生命力在于贯彻执行。有制度不执行或执行不严明，则制度形同虚设，所以必须建立完善的制度执行机制具体包括以下三方面的工作。

① 建立制度执行的监督机制。监督检查是对企业制度执行情况的督察，是制度有效执行的基础。在监督过程中，要做到责任层层落实，各负其责，确保制度执行到位。

② 建立制度执行的考核机制。制度执行的考核机制对企业制度的执行起到敦促作用。在设定制度的考核机制时，要注意客观、公平和公正，让执行制度不力的人充分暴露出来并得到相应的处罚；让坚决执行制度的人得到肯定、奖励和重用。

③ 建立制度执行的追究机制。制度执行的追究机制是对考核机制的补充。追究原则是：坚持实事求是、有错必究，处罚与责任相适应，教育与处罚相结合。制度追究最主要采取的方式是教育培训，提高员工执行制度的自觉性。对于教育培训后仍然违反制度的，给予一定处罚。

（2）管理制度未能有效执行的解决方法

企业在制度的执行过程中若发生未贯彻执行、执行不到位的情况，管理人员或制度设计人员应先分析制度本身是否存在不利于执行的因素，接着从制度执行情况的监督与考核、推行制度的企业文化等方面寻求解决方法。具体如图 1-20 所示。

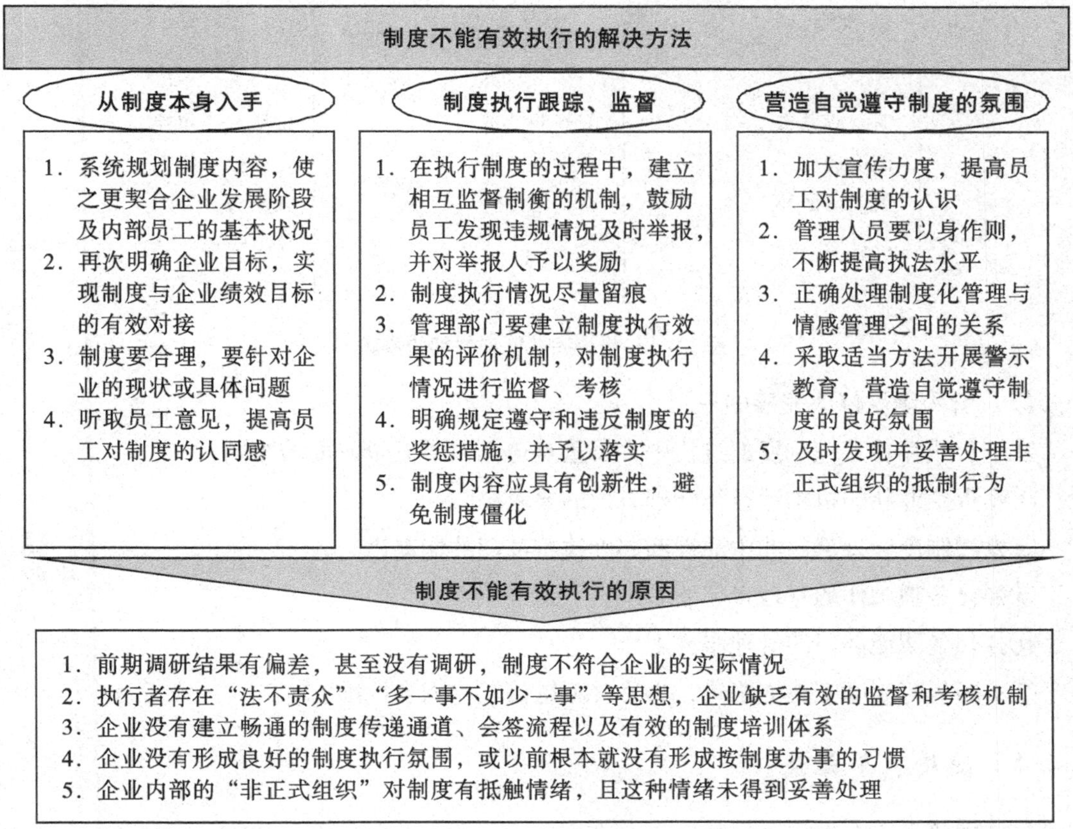

图1-20 管理制度未能有效执行的原因及解决方法

1.4.3 制度修改完善

企业的管理制度并不是一成不变的，一段时间之后，有的制度会不适应新形势的要求，有的制度则出现操作性不强、执行不力等一系列问题。因此，企业需要及时对制度进行修改完善。

关于制度的修改完善，要坚持“废、改、立”的原则，对实践证明行之有效的制度，要继续认真执行；对操作性不强或不完善的制度，要认真修改，总结经验教训，抓好落实；对不符合企业发展战略和经营方向的制度，该调整的就调整，该废止的就废止。

（1）管理制度修改完善的步骤

修改完善管理制度要从实际出发，根据新的需要和实践，及时研究和制定新制度，推进新制度的建设。制度的修改完善主要分成三个步骤，具体如图1-21所示。

图 1-21　修改完善管理制度的步骤

（2）管理制度修改完善的原则

在修订或完善管理制度的过程中，要重点遵循以下五个方面的原则。

①贴近企业新的机构运行与管理方面的要求。

②发挥制度管理部门的主动性和制度执行部门的能动性。

③强化各项工作的管理责任要求。

④强化各职能部门的管理服务工作。

⑤不断规范制度汇编的格式，为修订和统稿工作划定标准。

1.4.4　使用表单记录

管理表单是管理过程中能够做到"事有所知、物有所管，人尽其职、物尽其用"的较好方式，表单化工作语言可以固化职能、统一规则、优化流程、提高效率。也就是说，通过表单记录，可以使企业管理更加精细化、标准化和程序化。

如果企业员工对管理表单的使用意义理解不透彻，在应用上就会出现偏差，达不到预期的效果，一般在使用管理表单记录时会出现如图 1-22 所示的四种情况。

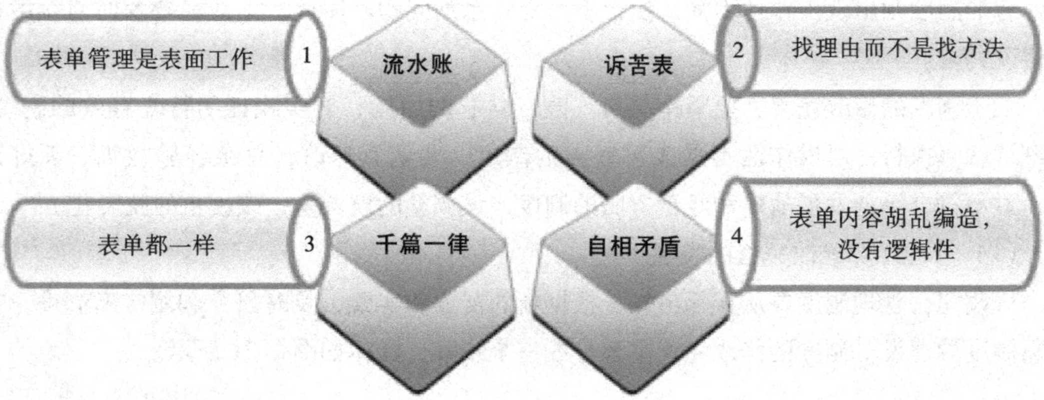

图 1-22　使用管理表单常见问题

针对上述问题，企业在使用管理表单时要从以下四个方面着手，以促进表单在企业管理过程中的推行和应用。

（1）对于企业全体员工来讲，新兴的工作方式必然会受到不同程度的排斥。因此，在管理表格实施之初，就要让员工理解表格的使用可以使工作更加简洁、规范和高效。

（2）在执行方面，要强调“全面参与”的原则，相互监督、共同切磋、统一思想。

（3）对于所有上报的表格要认真分析和批阅。只有从管理层开始重视表格的使用，才能让员工重视此事，否则，管理表格只能沦为形式主义。

（4）主管人员对于审核、修订的表格要给出反馈，最好做出书面反馈。

1.4.5　表单修改完善

管理表单特别是制度附表作为管理制度的一部分，也是会发生变化的，一般来说，出现以下三种情况（如图 1-23 所示），管理表单就需要修改完善。

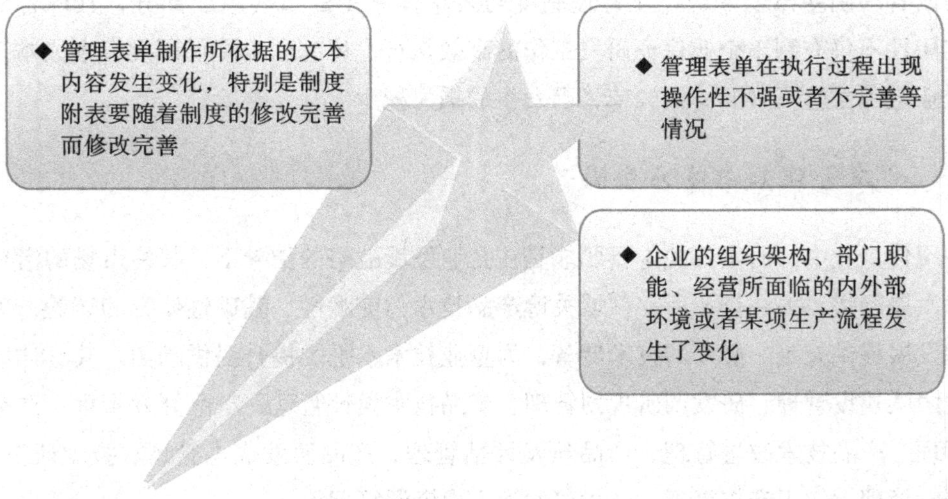

图 1-23　管理表单进行修改完善的情况

管理表单该如何进行修改完善，则要针对具体情况采取不同的对策。

（1）对表单编制所依据的文本内容发生变化的，要剔除在文本中被删除的部分，添加文本中新增加的内容。

（2）对表单本身操作性不够强或不完善的情况，要认真调研问题所在，吸取经验教训，提高操作性，完善表单内容。

（3）对于企业实际情况发生变化的，要根据最新状况进行修改或完善。

根据以上所述，管理表单修改完善的步骤如图 1-24 所示。

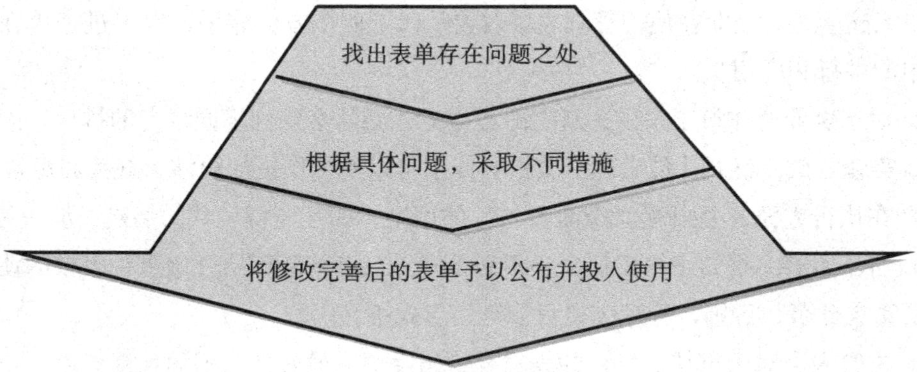

图 1-24　管理表单修改完善的步骤

1.5　研发管理制度与表单体系

研发管理制度与表单是企业管理制度与表单体系中的重要组成部分，其内容的规范性、实用性不仅有利于企业保证研发工作的高效执行，还有利于降低研发管理成本，更有利于企业避免发生不必要的损失或将已发生的损失减少。

1.5.1　研发管理知识体系导图

在现代企业中，研发部的主要职能是在企业发展战略的指导下，关注市场的潜在需求和技术发展趋势，关注企业所在领域关键产品技术的前瞻性、基础性研究和试验，为企业的长期发展提供充足、必要的技术储备，为企业技术水平的提升提供动力。其具体职能包括研发团队建设管理、研发调研规划管理、产品技术设计管理、产品开发管理、产品试制投产管理、产品技术改进管理、产品研发评估管理、产品研发成本管理、技术研发管理、工艺研发管理、知识产权管理、技术研发类人力资源管理等。

所以，研发管理制度与表单体系的设计依据主要是上述职能事项所形成的知识体系，具体如图 1-25 所示。

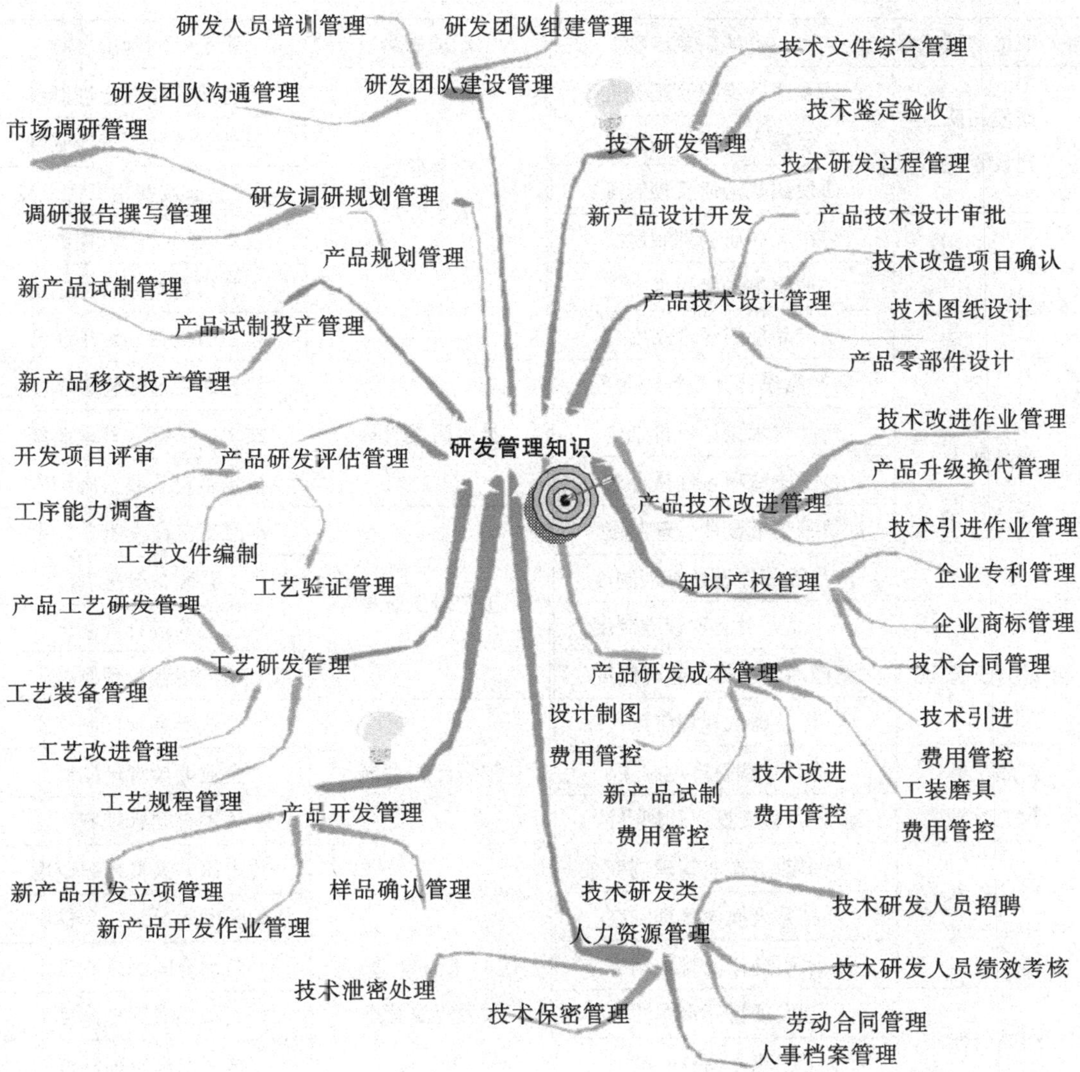

图 1-25 研发管理知识体系导图

1.5.2 研发管理制度体系框架

企业管理制度制定人员在设计研发管理制度体系时，依据图 1-22 所列项目，可勾勒出研发管理制度体系的框架（如表 1-4 所示）。

表 1-4　研发管理制度体系框架表

职能事项	可设计的制度名称	职能事项	可设计的制度名称
研发团队建设管理	研发团队组建管理制度	产品研发成本管理	工艺验证作业管理制度
	研发人员培训制度		设计制图费用管控制度
	研发团队沟通管理制度		新产品试制费用管控制度
研发调研规划管理	市场调研管理制度		技术改进费用管控细则
	调研报告撰写规定		工装模具费用管控制度
	产品规划管理制度		技术引进费用管控制度
产品技术设计管理	新产品设计开发管理制度	技术研发管理	技术研发过程管理制度
	产品技术设计审批细则		技术文件综合管理制度
	技术改造项目确认办法		技术鉴定验收实施细则
	技术图纸设计管理制度	工艺研发管理	产品工艺研发管理制度
	产品零部件设计管理制度		工艺装备管理制度
产品开发管理	新产品开发立项管理制度		工艺改进管理制度
	新产品开发作业管理制度		工艺规程管理制度
	样品确认管理制度	知识产权管理	企业专利管理制度
产品试制投产管理	新产品试制管理制度		企业商标管理制度
	新产品移交投产管理办法		技术合同管理制度
产品技术改进管理	技术改进作业管理制度	技术研发类人力资源管理	技术研发人员招聘制度
	产品升级换代管理制度		技术研发人员绩效考核制度
	技术引进作业管理制度		劳动合同管理制度
产品研发评估管理	开发项目评审办法		人事档案管理制度
	工序能力调查制度		技术保密管理制度
	工艺文件编制细则		技术泄露处理办法

1.5.3　研发管理制度附表体系

企业在制定出有效的制度后，还要给出让制度“落地”的一些方法。其中，配套表单即是解决制度“落地”问题的有效方法之一。

表单与制度共同构成制度“制定”与“落地”的完整过程。员工学习的是管理制度，执行的是相关表单，并且在执行中更深刻地理解制度。

表1-5 研发管理制度附表体系框架表（示例）

职能事项	配套制度表单名称
研发调研规划管理	◆ 市场调查表、消费者调研信息表、调查报告撰写进程表、调研报告审批表、产品发展规划表、产品研发规划表、产品营销规划表
产品技术设计管理	◆ 新产品设计开发计划表、新产品试制报告表、产品图样签字表、设计报告评审表、技改项目申请表、技术改造审批表、图纸设计审查表、设计修改记录表、产品零部件设计进度表、产品零部件设计评估表
产品开发管理	◆ 新产品开发立项审批表、新产品立项通知书、新产品设计开发建议表、新产品设计蓝图管理表、样品检验记录表、样品确认表
……	……

第2章

研发团队建设管理制度与表单

2.1 研发团队组建管理制度与表单

2.1.1 研发团队组建管理制度

以下是某公司的研发团队组建管理制度，供读者参考。

<table>
<tr><td rowspan="2">制度名称</td><td rowspan="2" colspan="3">研发团队组建管理制度</td><td>受控状态</td><td></td></tr>
<tr><td>编　　号</td><td></td></tr>
<tr><td>执行部门</td><td></td><td>监督部门</td><td></td><td>编修部门</td><td></td></tr>
</table>

第1章　总则

第1条　目的

为进一步提高公司研发团队管理水平，促进研发管理体系的完善和提升；同时，充分利用现有研发人员资源，着力打造一支优良的研发团队，特制定本制度。

第2条　适用范围

本制度适用于公司研发团队组建管理工作。

第2章　研发团队职责与结构

第3条　研发团队的职责

研发团队的具体职责如下。

（1）建立、健全公司产品技术和工艺技术管理体系及管理制度，并组织实施。

（2）根据公司总体战略规划及年度经营目标，制定新产品开发、工艺技术开发的中长期发展规划和年度计划，报董事会审批后组织实施。

（3）对现有产品进行销售跟踪，根据市场反馈的情报资料，及时改良设计。

（4）组织新产品开发及老产品改进过程中的设计评审、小批量试制、产品试验和技术确认等技术管理工作。

（5）负责新产品试制过程中关于工艺技术质量信息的收集、处理、整改和验证。

（6）按相关体系标准健全公司质量管理体系，编制质量保证手册和程序文件，并对质量体系运行进行监控。

（7）组织收集、整理与研发有关的新理念、新技术、新工艺、新材料等资料，并及时归档。

（8）负责相关技术、工艺文件的制定、审批和归档保管。

第4条　研发团队的组织结构

研发团队的组织结构如下图所示。

（续）

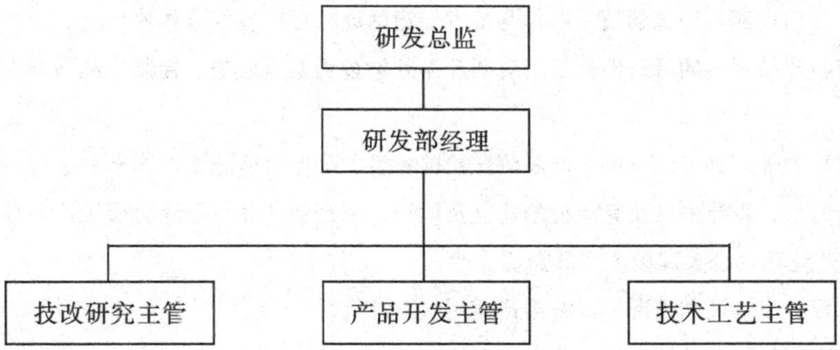

研发团队的组织结构示例

第3章　研发团队各岗位职责

第5条　研发总监职责

研发总监在公司总经理的授权下，全面负责产品研发管理工作，规划公司的技术发展路线与新产品开发，对技术研究、产品开发、分析测试、中试研究等过程进行监督和控制。其具体职责如下。

（1）组织、指导公司技术研究、产品开发、分析测试、中试测试等方面规章制度的制定，并对其执行情况进行监督、检查。

（2）按照公司研发计划的要求，组织新项目、新技术可行性研究，制定产品研发规划。

（3）组织制定和实施重大产品决策，及时了解和监督产品研发规划的执行情况。

（4）为公司领导在产品和设计质量方面提供技术性支持和决策帮助，向研发团队提供技术培训，组织实施技术改进。

（5）负责研发管理体系的建立、完善及运作，包括中高层管理队伍的建设和专业人才的培养、产品项目研发流程的规划与审查监督。

（6）主持开发新产品项目所需的设备选型、试制、改进以及工艺设计等工作。

（7）指导、审核项目总体方案，对各项目质量进行控制。

（8）审批立项申请报告，主持研发项目立项工作，合理配置项目开发资源。

（9）按照公司有关规定，对产品研发成本进行全程监督和控制。

（10）负责指导、管理、监督下属分管部门的业务工作，使其不断改善工作绩效。

（11）负责研发团队的培训、考核工作。

第6条　研发经理职责

研发经理根据研发总监的要求，具体落实各项研发工作计划，负责组织研发日常管理工作，推进开展技术研究、产品开发、分析测试、中试研究等工作，确保公司技术研究、产品开发目标的实现。其具体职责如下。

（1）协助研发总监制定研发团队的各项规章制度，做好各项研发战略及年度研发工作计划。

（2）跟踪和掌握国际、国内同类技术发展趋势，组织研发团队内部技术论证会。

（续）

<table>
<tr><td colspan="6">

（3）组织公司内部与外部的技术协作与技术交流活动，寻求技术合作伙伴。

（4）参与新产品开发的可行性论证，对新产品开发过程实施监督、控制，确保新产品开发工作顺利进行。

（5）组织相关部门制定原材料、产品测试检验标准，确保分析测试工作顺利进行。

（6）负责监督、指导中试研究流程的建立及运行，推行新产品市场化，保证产品质量，确保产品生产工艺及生产流程符合大规模生产的需要。

（7）协助跟进市场反馈情况，了解客户使用状况。

（8）拟定本团队研发预算并加以控制。

（9）负责本团队成员的配备和选拔，组织成员定期或不定期进行技术研发培训，提升成员技术水平和研发能力。

第7条　研发主管职责

研发主管在研发经理的领导下，负责新产品开发、产品改进的组织实施及产品技术标准的制定，确保公司产品的开发工作满足市场需求。其具体职责如下。

（1）根据研发工作计划，结合市场战略，制定产品开发方案，并对该方案的执行进行监控。

（2）组织部门人员进行新产品开发立项调研、方案论证，并对开发项目进行分工。

（3）按规定对产品开发过程进行监督、控制，确保产品开发过程符合技术质量要求，对产品研发过程进行组织协调。

（4）组织新产品鉴定和专利、产品认证的申请报批工作。

（5）组织团队统筹、规划、编制产品的有关标准，并组织实施。

（6）负责对产品开发进度进行合理控制，按时、保质、保量完成产品开发任务。

第4章　附则

第8条　本制度由研发部负责制定、修改和解释

第9条　本制度自颁布之日起实施

</td></tr>
<tr><td>编制日期</td><td></td><td>审核日期</td><td></td><td>批准日期</td><td></td></tr>
<tr><td>修改标记</td><td></td><td>修改处数</td><td></td><td>修改日期</td><td></td></tr>
</table>

2.1.2　研发团队组建管理表单

1. 研发团队人员安排表

编号	姓名	性别	岗位名称	专业	联系电话	主要科研成果	备注

2. 研发人员工作周报表

姓名		岗位		时间	
本周工作总结			完成情况及成果		
下周工作计划			所需资源		
工作中发现的问题			今后工作建议		

2.2　研发人员培训管理制度与表单

2.2.1　研发人员培训管理制度

以下是某公司的研发人员培训管理制度，供读者参考。

制度名称	研发人员培训管理制度			受控状态	
				编　　号	
执行部门		监督部门		编修部门	

第 1 章　总则

第 1 条　目的

为规范研发部的培训工作，提升技术研发人员的职业技能和文化素质，提高公司整体的技术研发水平，进而提高公司的实力，特制定本制度。

第 2 条　适用范围

本制度适用于公司研发部人员培训管理工作。

第 3 条　管理职责分工

（1）人力资源部是技术研发人员培训工作的归口管理部门，负责培训活动的计划制订、实施和控制。

（2）研发部、生产部等相关部门负责协助人力资源部进行培训的实施与反馈评价工作，负责组织部门内部的培训活动。

第 4 条　培训类别与内容

互联网时代知识更新迭代的速度加快，研发企业应紧跟时代潮流不断进行企业的创新升级、转型

（续）

突破。通常来说，传统研发部的培训类别主要包括新员工培训、岗位技能培训、转岗培训等，具体内容如下表所示。

技术研发人员培训分类与内容表

培训类别	培训对象	培训目的	培训内容	培训方式
新员工培训	新员工	为帮助新员工尽快了解和熟悉公司，尽快融入公司环境和进入工作角色	（1）公司概况、企业文化组织结构、管理层人员 （2）公司发展战略、方针 （3）公司各项规章制度 （4）所任职位业务知识与技巧	授课、参观、操作指导
岗位技能培训	在岗员工	增强员工技能，提高工作质量和效率，减少工作失误	（1）岗位技能 （2）相关知识技能拓展	授课、操作指导
转岗培训	岗位调动人员	为工作轮换、横向调整和晋升做准备	（1）新岗位基本情况 （2）新岗位技能培训	操作指导
继续教育培训	专业技术工作人员	提高专业技能，提高公司整体技术水平	公司外部专业培训机构的专业技术技能培训	授课、操作指导
部门内部培训	部门内部员工	满足实际工作需要，对员工进行小规模、灵活实用的培训	部门内各项工作、流程培训	操作指导
员工自我培训	员工自身	提高自身素质和业务能力	员工自身相关知识、技能	自我培训

第2章　培训资源管理

第5条　培训讲师管理

本公司培训讲师分为内部培训讲师和外部培训讲师两种，具体说明如下表所示。

培训讲师说明表

培训讲师	具体说明
内部讲师	（1）研发部内部讲师一般由技术研发高级工程师担任，同时，各级主管人员也有培训下属员工的义务 （2）内部培训讲师可以报销一定金额的书刊费，具体金额视培训的次数而定

（续）

（续表）

培训讲师	具体说明
外部讲师	外部培训讲师由公司聘请，其课酬根据实际情况和培训预算确定，公司通过评估培训效果决定是否继续聘请该讲师

第6条　培训教材管理

培训教材分为内部培训教材和外部培训教材两种，这两种教材的具体获取方式如下表所示。

培训教材获取方式表

培训教材	具体说明
内部培训教材	（1）工作过程中的经验分享与教训总结 （2）公司重大事件案例 （3）培训师组织开发培训教材 （4）人力资源部经理与培训专员组织开发培训教材
外部培训教材	（1）公司聘请外部机构进行培训的，外部机构应提供教材，教材由培训专员统一管理 （2）公司员工参加外派公开课程的，应在培训结束一周内将教材的原件或复印件交由培训专员存档管理

第7条　培训设施、设备管理

培训设施设备的建设、购置、维护和管理由公司人力资源部负责。

第8条　培训经费控制

培训经费可通过的控制要求如下。

（1）公司每年投入一定的经费用于培训员工，培训经费专款专用。

（2）培训费用的报销范围包括学费、报名费、资料教材费用等。

（3）为方便管理，培训所发生的交通、餐饮费用在各部门预算费用中列支，按公司规定标准予以报销。

（4）项目费用在线管理，对项目经费进行实时的监控与调整，可有效避免培训经费的重复申领。

第3章　培训计划的制订

第9条　培训需求调查

（1）培训专员根据公司经营发展需要，在每年11月份向各部门（包括研发部）发放“年度培训需求调查表”或在年度中期开展临时培训需求调查。

（续）

（2）各部门依据培训专员提供的信息，征求部门人员意见，按要求填写“培训需求调查表”，在规定时间内交公司培训专员汇总。

第 10 条　培训需求分析

培训专员在人力资源部经理的指导下，根据培训需求调查结果进行培训需求分析，为培训计划的制订提供依据。

第 11 条　制订年度培训计划

人力资源部经理组织培训专员根据“年度培训需求调查表”反馈的信息及外部培训信息进行分析，制订“年度培训计划”和“年度培训预算”，并报主管副总和公司总经理审批。

第 4 章　培训的实施

第 12 条　年度培训计划实施

（1）培训专员根据“年度培训计划”实施培训活动，按月向部门公布课程安全情况，部门根据培训计划调整工作，让员工有充足的时间参加培训。

（2）培训专员根据培训安排确认参加培训的人员数量及费用预算，做好培训的组织工作并控制培训费用开支。

第 13 条　计划外培训需求的审核和执行

当需要临时增加培训项目时，由需求部门提前三周向培训专员提出培训申请，并填写“培训申请表”。培训专员审核后报相关领导审批，领导审批通过后由人力资源部组织执行。

第 14 条　培训过程记录

培训专员负责对培训过程进行记录，保存培训资料，如电子文档、录音、录像、幻灯片等，培训结束后建立培训档案。

第 5 章　培训考核与效果评估

第 15 条　培训效果评估内容

公司培训效果评估与考核的内容主要包括以下七个方面。

（1）培训课堂考核（纪律和态度考核）。

（2）培训考试、总结、工作笔记、案例分析。

（3）现场操作。

（4）日常工作应用。

（5）工作改善计划或方案。

（6）分享、授课或主持研讨会。

（7）工作业绩考核。

第 16 条　培训效果评估调查

培训专员组织学员填写“课程评估调查表”，对本次培训课程的安排、培训师的授课质量等进行评估。

（续）

第 17 条　培训考核

（1）培训考核一般由学员的直接领导负责，培训专员协助进行。

（2）学员须作培训小结，总结进步。培训小结与培训成绩将一起被放进学员的人事档案。

第 18 条　培训成果运用

培训结束后，学员应将在培训中获得的知识、技能应用于工作中，培训专员应不定期地了解学员参加培训之后的工作情况。

第 6 章　员工培训的权利与义务

第 19 条　员工培训的权利

员工培训的权利如下。

（1）在不影响工作的前提下，员工有权要求公司内部举办各类培训。

（2）经批准参加培训的员工有权享受公司为培训学员提供的各项待遇。

第 20 条　员工培训的义务

员工培训的义务如下。

（1）培训期间，培训学员一律不得故意不参加培训活动。

（2）培训结束后，员工有义务将所学的知识和技能运用到日常的工作中去。

（3）参加非脱产培训一般只能利用业余时间，确需占用工作时间参加培训的员工，应凭培训部门的有效证明提出申请。

（4）具备下列条件之一的，受训员工须与公司签订培训协议。

①脱产培训时间在三个月以上的。

②在一个自然年度内，公司支付培训费用在 5 000 元以上的。

第 7 章　培训档案管理

第 21 条　培训档案内容

人力资源部建立培训工作档案，具体文件包括培训签到表、培训讲师档案、培训人数、培训时间、学习情况、获得的各类培训材料、内部考试试卷等。

第 22 条　培训记录

部门组织内部培训时，应填写"员工培训记录表"，将员工接受培训的具体情况和培训结果详细记录备案，并送交培训专员存档。

第 8 章　附则

第 23 条　本制度由人力资源部负责制定、修改和解释

第 24 条　本制度自颁布之日起实施

编制日期		审核日期		批准日期	
修改标记		修改处数		修改日期	

2.2.2 研发人员培训管理表单

1. 员工培训申请表

申请部门： 申请日期：____年__月__日

培训名称		时　　间	
培训执行人		培训地点	
受训部门		培训方式	
预定参加人员			
培训目标			
培训内容及课程概述			
培训所需经费预估			

申请人		部门负责人		人事专员		审批人	

2. 培训项目实施表

日期：____年__月__日

培训项目			
培训对象		受训人数	
培训时间		培训地点	
培训性质		培训讲师	
培训组织者			
培训费用说明			
主管部门领导意见			

3. 新员工培训反馈表

新员工姓名		所在部门	
岗位名称		填写日期	
调查内容			
1. 你是否已了解部门的组织架构及部门功能		□是 □否	
2. 你是否已清晰了解自己的工作职责及岗位描述		□是 □否	
3. 你是否已熟悉公司大楼的情况		□是 □否	
4. 你是否已认识部门内所有的同事		□是 □否	
5. 你是否觉得部门岗位培训有效果		□是 □否	
6. 你今后在工作中遇到问题，是否知道该如何寻求帮助		□是 □否	
7. 你是否已接受了足够的部门培训，并保证可以很好地完成任务		□是 □否	
8. 在岗位培训中，你认为可以改进的地方是哪些			
9. 在今后的工作中，你希望接受哪些方面的培训			

2.3 研发团队沟通管理制度与表单

2.3.1 研发团队沟通管理制度

以下是某公司的研发团队沟通管理制度，供读者参考。

制度名称	研发团队沟通管理制度			受控状态	
				编　号	
执行部门		监督部门		编修部门	

第 1 条　目的

为使公司的研发团队建立正常、畅通的沟通渠道，营造和谐的工作氛围，提高团队工作效率，增强公司研发水平及团队凝聚力，特制定本制度。

第 2 条　适用范围

公司内部涉及研发团队文件沟通、会议沟通及其他形式沟通时均应依据本制度执行。

第 3 条　管理权责

1. 总经理办公室权责

总经理办公室权责主要包括六个方面，具体如下图所示。

（续）

1 总经理召开的研发会议、公司研发例会、临时性研发会议的通知、召集

2 研发会议资料的准备，会议记录，会议决议追踪及呈报

3 总经理信箱（传统信箱以及电子信箱）的管理，定期收、呈

◎ 公司研发相关制度、正式文件的颁布、发行 4

◎ 公司决议事项和总经理指令的通知、传达 5

◎ 有关事务的联络、协调、催办 6

总经理办公室权责

2. 研发部经理权责

研发部经理的权责主要包括以下五个方面。

（1）出席研发会议、执行会议决议。

（2）根据会议要求、上级指示或工作需要，向所属部门及科研人员传达会议决议及公司的政策、规章、要求等。

（3）定期或不定期向总经理或分管副总作述职汇报，呈报相关研发业务状况。

（4）负责部门会议的通知、召集、会议资料的准备、会议决议追踪及呈报。

（5）对于公司事务研发部经理可利用 QQ、微信等即时沟通软件，与下属进行沟通、及时反馈问题和意见，提高管理效率。

第 4 条　沟通原则

不论采用何种沟通方式，都必须把握沟通及时性、准确性、完整性三大原则。

第 5 条　沟通渠道的种类

公司组织内部正常的沟通渠道主要有三种，具体说明如下图所示。

思路1 ◎ 正式的文件（含文书）沟通

思路2 ◎ 会议沟通（例行会议、临时性会议）

思路3 ◎ 非正式场合、形式的沟通（总经理信箱、个别交谈、微信、QQ等）

公司组织内部正常的沟通渠道

（续）

第 6 条　沟通渠道说明

1. 文件（含文书）沟通

主要包括规章、制度类文件，联络、通知类文书，签（呈）、报告、报表类文书，会议记录类文书等四类，具体说明如下表所示。

文件（含文书）沟通内容一览表

沟通内容	说明
规章、制度类文件	◇ 规定各种规章制度及作业程序、作业规范、操作标准并经相关权责主管审核 ◇ 属于批准的正式文件，在相应范围内必须遵循；有专一主题，格式化、适用期长；一般不针对具体个人、具体时间 ◇ 公司制定的制度规章，由（总）经理室颁布、发放
联络、通知类文书	◇ 用于进行各种具体事务联络、通知、交办、指令、呈报等；一般适用期较短，针对性较具体，适用期过后，多数无保存价值或存档年限短；另外，有些临时性或试行性制度也可采用此类形式 ◇ 各部门之间、公司内部之间具体事务联络、协调、知会等事宜办理都可用“联络单”形式体现、传递 ◇ 上级主管、上级部门的事项通知、指令的传达、发布，也都可以用“联络单”形式体现
签（呈）、报告、报表类文书	◇ 具体形式有述职报告；专项工作汇报、签呈及各项业务报表等，分为定期及不定期的呈递 ◇ 须定期呈报的文件包括：生产计划报表、生产月报表、品质分析报表、毛利预算表、财务收支预算表、采购资金计划表等；业务部的业务报表、销售及费用月计划表及相关分析报告等；财务部的财务报表、财务分析报告、责任单位成本绩效报告；下级主管对上级主管的述职报告、工作报告 ◇ 不定期呈报的文件包括：专项工作报告、具体事项呈报核准
会议记录类文书	◇ 各类会议由主持人指定人员做“会议记录”，（副）总经理主持召集的会议原则上由（总）经理室负责“会议记录” ◇ 对会议决议涉及具体工作安排的，须确认追踪结果，由会议记录者形成“决议事项追踪表”，经主持人指定专人进行追踪、确认。（副）总经理主持会议的决议事项的追踪、确认，除非总经理另行指定，原则上由（总）经理室负责 ◇ 对会议决议涉及一般事项的规定须传达、通知、知会的，由会议记录者形成“联络单”，经主持人签名确认后，发放相关单位人员 ◇ 重要会议的“会议记录”，经主持人签名确认后，由会议记录者复印分发或传阅与会人员或相关人员

（续）

2. 会议沟通

（1）会议类别。会议分为例行性会议和临时性会议两种，临时性会议由总经理或相关权责主管依需要时动议召集。

（2）会议管理。具体的会议管理内容包括以下六项。

① 例行性会议如有变更原则上应提前半个工作日通知，如无变更则不另行通知。

② 临时性会议原则上应至少提前1小时通知参加人员。

③ 会议参加者必须准时出席并签到，因故无法到会者，事先须向主持人请假并取得许可，或派代理人出席（代理人应向主持人报备），迟到、早退者须向主持人报备，取得谅解及同意。

④ 会议应事先明确主题，与会人员应依据本职工作做好各种准备（包括资料、数据）。

⑤ 主持人应控制会议时程，尽量在规定的时间内结束会议。

⑥ 本次会议决议的落实实施情况，应作为下次会议议题之一。

3. 非正规场合、形式的沟通

（1）由（总）经理室设置总经理信箱，负责定期收集并呈递总经理。

（2）除工作接触外，研发部各级主管应定期或不定期与下属进行交谈沟通，以增进彼此了解，掌握各层次人员的动态信息，帮助决策层把握方向，适当准确地制定相关政策，具体要求包括以下三点。

① 总经理、部门（副）经理等直接部属每个月应进行一次交谈沟通，总经理同下二级部属，每季度应进行一次交谈沟通。

②（副）经理同直接部属每周应有一次交谈、沟通，同其他部属每月应有一次交谈、沟通。

③ 除面谈外，可建立部门微信群、QQ群，及时交流问题、反馈意见。

第7条 沟通实施

（1）为建立和完善监管机制，总经理对研发部有监督管理的权力，通过监管推动子公司规范管理，不断提高管理水平。

（2）发现研发部有违反规章制度的行为，由总经理直接和研发部经理进行沟通，分析原因并按制度执行。

（3）发现研发部可能会发生公司制度或工作流程方面的改进，先由总经理和研发部经理进行沟通，分析现状，初拟建议性的改进计划，报集团总经理审批。

（4）沟通过程中的相关记录由沟通发出者负责保存，便于追溯总结。

第8条 本制度由集团办公室编制并负责解释

编制日期		审核日期		批准日期	
修改标记		修改处数		修改日期	

2.3.2 研发团队沟通管理表单

企业会议沟通表

编号	单位	会议名称	周期	会议目的	时间	地点	主持人	参加人员
			□月 □周					
			□月 □周					
			□月 □周					
			□月 □周					
			□月 □周					
			□月 □周					
			□月 □周					
			□月 □周					

第3章
研发调研规划管理制度与表单

3.1 市场调研管理制度与表单

3.1.1 市场调研管理制度

以下是某公司的市场调研管理制度，供读者参考。

制度名称	市场调研管理制度			受控状态	
				编　　号	
执行部门		监督部门		编修部门	

第1章　总则

第1条　目的

为规范市场调研管理工作，顺利实现调研目的，确保研发项目符合市场需求，特制定本制度。

第2条　适用范围

本制度适用于研发调研的各项工作。

第3条　职责分工

（1）研发部调研主管负责组织开展市场信息与数据的收集和整理、数据资料的分析以及拟定报告等工作。

（2）研发部调研专员负责具体调研工作的实施、调研资料的整理与分析。

（3）市场部及相关部门配合研发调研工作。

第2章　调研日常准备工作

第4条　资料收集

（1）公司管理人员、研发人员、销售人员应定期进行用户访问，访问结束后填好用户访问登记表，并撰写书面调查汇报。

（2）销售人员可以利用订货会等与用户面对面接触的机会或者通过即时通信软件与客户进行不定期沟通，征询客户意见，收集市场信息，以书面调查汇报的形式反馈给研发部。

（3）销售人员可以利用微信、微博、社区等新媒体方式保持与用户的沟通，使用户反馈产品的试用信息，或者以奖励的方式激励用户填写试用反馈表，鼓励用户参与到产品的研发过程中，为产品的升级提供建议。

（4）公司搜集日常用户来函、来电内容，对产品反馈进行分类整理。

第5条　客户档案管理

重点客户应该建立档案并且不断完善，以随时掌握客户的需求变化及意见与建议。

（续）

第 3 章　调研实施

第 6 条　调查方法

公司根据具体情况和具体计划确定调查方法，常规的调查方法有调研问卷法、访谈法、资料研究法、观察法等，随着技术的发展，利用第三方大数据供应商的方法也逐渐普及。

第 7 条　调查工作内容

研发调研的内容如下表所示。

研发调研内容表

调研内容	内容细分
1. 宏观经济调查	（1）财政与金融趋势调查 （2）贸易市场趋势调查
2. 行业调查	（1）调查同行业同类产品在全国各地区市场占有量以及公司产品所占比重 （2）了解同行业产品更新及其改进方面的进展情况，用以分析产品发展新动向
3. 竞争对手的相关信息	（1）产品经营策略 （2）现有产品结构与主力产品情况 （3）新产品研发动向 （4）产品价格结构情况 （5）市场活动状况
4. 市场动态调查	（1）市场现主要产品情况调查 （2）市场产品发展趋势调查
5. 经销商调查	（1）本公司产品在该地区、该商店的销售量 （2）对本公司产品的质量、价格有何评价与希望 （3）该地区消费者需求倾向，以及广告宣传的问题和消费问题
6. 消费者调查	（1）消费者的实际情况，包括职业、年龄构成、收入等 （2）消费者的态度、价值观、意识以及舆论倾向 （3）购买动机、购买方式 （4）对广告宣传的态度，包括对各种广告宣传媒介，如电视、广播、报纸、杂志的态度 （5）了解各地区消费者对此类产品的质量反映和技术要求，以确定是否需要研发新产品，满足用户要求
7. 其他主题调查	（1）对公司内部以及其他企业单位进行调查 （2）对政府部门、公益团体等事业单位进行调查

（续）

第4章 调研资料整理与分析

第8条 获取调研资料

在利用传统调研方法时，调研专员做好各项调研资料的整理、汇总工作，使全部资料按照一定的逻辑顺序排列，去除资料中的错误和不准确因素，确保资料的准确性与完整性。

在利用第三方机构进行调研时，应该对调研机构进行评估和监督，避免调研方案设计、现场执行、数据处理分析等方面存在不规范行为。

第9条 调研资料分析

调研专员应配合调研主管，对调研获取的资料及信息进行分析，并得出调研结论。

第5章 调研报告编制与运用

第10条 编制调研报告

调研报告由研发部调研主管组织起草或撰写，需经研发部经理审核，其具体内容如下。

（1）调查目的。

（2）调查方法。

（3）调查对象或调查对象分组情况。

（4）调查规模。

（5）调查项目与结果。

（6）调查用表。

（7）其他与调查有关的情况与结果。

第11条 调研报告的运用

公司领导就研发部所编制的相关调研报告展开分析，对公司产品与市场的规划策略提出对策，以扩大产品研发领域。

第6章 附则

第12条 本制度由研发部制定，其解释权、修改权归研发部所有

第13条 本制度自发布之日起开始执行

编制日期		审核日期		批准日期	
修改标记		修改处数		修改日期	

3.1.2 市场调研管理表单

1. 市场调查表

地区：　　　　　　　　　　　　　　　　　　　　　　填写日期：____年__月__日

调查区域	
调查时间	
调查目标	
调查内容	
考虑因素	
方法设计	
预定进度	
人力分配	
预　　算	
其他方面	

调研主管：　　　　　　　　　　　　　　　　　　　　制表人：

2. 消费者调研信息表

<table>
<tr><td>调研时间</td><td colspan="2"></td><td>调研目标</td><td></td></tr>
<tr><td>调研对象</td><td colspan="2"></td><td>调研地点</td><td></td></tr>
<tr><td colspan="5">消费者调研信息统计</td></tr>
<tr><td>年龄组成</td><td colspan="4">18～25岁：____%；26～30岁：____%；31～40岁：____%；40岁以上：____%</td></tr>
<tr><td rowspan="2">品牌认知度</td><td>不同区域</td><td colspan="3">北方：____%；南方：____%</td></tr>
<tr><td>认知渠道</td><td colspan="3">电视：____%；报刊：____%；别人介绍：____%；其他：____%</td></tr>
<tr><td>喜好程度</td><td colspan="4"></td></tr>
<tr><td>影响消费者购买的因素</td><td colspan="4"></td></tr>
<tr><td>不同性别消费者对该产品的接受程度</td><td colspan="4"></td></tr>
<tr><td>产品包装对购买的影响</td><td colspan="4"></td></tr>
<tr><td>调查总结</td><td colspan="4"></td></tr>
</table>

3.2 调研报告撰写制度与表单

3.2.1 调研报告撰写规定

以下是某公司的调研报告撰写规定，供读者参考。

制度名称	调研报告撰写规定			受控状态	
				编　　号	
执行部门		监督部门		编修部门	

第1章　总则

第1条　目的

为规范调研报告的撰写工作，确保研发部撰写的调研报告规范、全面，特制定本规定。

第2条　适用范围

本规定适用于公司所有研发调研报告的撰写工作，其他类似报告的撰写可参考执行。

第2章　格式要求

第3条　调研报告的格式

调研报告的主要格式框架包括标题、目录、摘要、前言、正文、结论及建议、附录等。

第4条　调研报告的格式要求

调研报告的格式要求如下表所示。

调研报告格式要求表

格式	格式要求
标题	★ 标题包含单标题或是双标题，所谓双标题是指有的调研报告采用正、副标题形式，一般正标题表达调研的主题，副标题则具体表达调研的部门和问题 ★ 标题应写明调研题目、调研部门及人员、调研日期等 ★ 标题一般应打印在扉页上
目录	★ 目录的作用在于列出报告所有主要部分及其所在页数，便于查找 ★ 目录需列出报告所分的主要章节和附录，并注明标题、有关章节号码页码 ★ 一般来说，目录的篇幅不宜超过一页 ★ 目录的内容一般包含调研设计与组织实施、调研对象构成情况简介、调研的主要统计结果简介、综合分析、数据资料汇总表、附录等

（续）

（续表）

格式	格式要求
摘要	摘要以简明扼要的语言陈述调研研究结果，以便决策者或领导者能从中快速了解到调研的成果
前言	前言简要阐述调研的基本情况，主要包括以下三方面内容：简要说明调研背景和调研目的，简单介绍调研对象和调研内容，简要介绍调查研究的方法
正文	正文是调研分析报告的主体部分，必须准确阐明有关论据，包括从问题的提出到引出结论的全部过程，分析、研究问题的方法，可供相关决策者进行独立思考的全部调研结果和必要的市场信息，以及对这些情况和内容的分析评论等
结论及建议	★ 结论及建议是撰写调研报告的主要目的，这部分包括对引言和正文部分所提出的主要内容的总结，提出如何利用已证明有效的措施和解决某一具体问题可供选择的方案与建议 ★ 结论提出的一般原则是：首先给出中心的、总体的，然后才是个别的、具体的细节，最后推出外围结论 ★ 结论及建议与正文部分的论述要紧密对应，不可以提出无证据的结论，也不必列出没有结论性意见的论证
附录	★ 附录是指调研报告正文包含不了或没有提及，但与正文有关，必须附加说明的部分，它是对正文报告的补充或更详尽的说明 ★ 附录包括与调研有关的数据汇总表、原始资料、背景材料和必要的工作技术报告等

第3章　总体撰写要求

第5条　以科学的市场调查方法为基础

在市场经济中，研发项目成败的关键就在于研发立项是否科学，而科学的立项又必须以科学的市场调研方法为基础。研发调研既可采用询问法、观察法、资料查阅法、实验法以及问卷调查等传统方法，也可通过大数据或网络调研获取信息，适时捕捉瞬息万变的市场变化情况、深度挖掘市场需求，获取真实、可靠、典型、富有说服力的商情材料。

第6条　以真实准确的数据材料为依据

由于市场调研报告是对市场的供求关系、购销状况以及消费情况等的书面反映，因此它往往离不开各种各样的数据材料。这些数据材料是定性定量的依据，在撰写时，相关人员要善于运用统计数据来说明问题，以增强市场调研报告的说服力。

（续）

<table>
<tr><td colspan="6">

第7条　以充分有力的分析论证为杠杆

撰写市场调研报告，必须以大量的事实材料作基础，包括动态的、静态的，表象的、本质的，历史的、现实的等，可以说错综复杂，丰富充实，但写进市场调研报告中的内容不能只是这些事实材料的简单罗列和堆积，而必须运用科学的方法对其进行充分有力的分析归纳，以便支撑市场调研报告所作的市场预测及所提出的对策与建议。

第8条　要突出市场调研的目的

任何市场调研都是为了解决某一问题，或者为了说明某一问题。市场调研报告必须围绕市场调研的目的来进行论述。

第9条　语言要简明、准确、易懂

调研报告的语言要力求简单、准确、通俗易懂，便于审阅人员读取及理解。

第4章　附则

第10条　本规定由研发部制定，其解释权、修改权归研发部所有

第11条　本规定自发布之日起开始执行

</td></tr>
<tr><td>编制日期</td><td></td><td>审核日期</td><td></td><td>批准日期</td><td></td></tr>
<tr><td>修改标记</td><td></td><td>修改处数</td><td></td><td>修改日期</td><td></td></tr>
</table>

3.2.2　调研报告撰写表单

1. 调研报告撰写进程表

撰写事项	完成情况	完成时间	责任人
确定标题			
拟定写作提纲			
选择调研资料			
撰写初稿			
修改定稿			
报送审批			
归档备查			

2. 调研报告审批表

编号：　　　　　　　　　　　　　　　　　　　　　　　　　　　时间：____年__月__日

调研报告标题		编写时间	
调研目标		调研人员	
编写人员名单			
调研主管签字			
研发经理意见	签字：　　　日期：____年__月__日		
总经理意见	签字：　　　日期：____年__月__日		

3.3 产品规划管理制度与表单

3.3.1 产品规划管理制度

以下是某公司的产品规划管理制度，供读者参考。

制度名称	产品规划管理制度			受控状态	
				编　　号	
执行部门		监督部门		编修部门	

第 1 条　目的

为规范本公司产品规划的程序及工作标准，使产品规划工作得以圆满进行，特制定本制度。

第 2 条　适用范围

本制度适合用来指导本公司的产品规划工作。

第 3 条　职责划分

（1）市场调研人员负责对市场、客户、竞争对手、外在机会与风险以及市场与技术发展态势等进行调研，并编制市场调研报告。

（2）产品规划专员负责分析市场调研信息、拟定规划思路、组织论证、编制产品规划书草案并上报审批、组织实施产品规划方案。

（3）产品规划主管负责产品规划草案的审批，并指导、监督、检查产品规划方案的实施工作。

第 4 条　名词解释

产品规划是指产品规划人员通过市场调研，根据公司自身的情况和发展方向，制定出可以把握市

（续）

场机会的产品生产及投放计划的过程。产品规划的内容包括产品各类别结构规划、产品系列化规划、各机型定位规划、产品长度和宽度规划、产品生命周期规划等。

第 5 条　产品规划流程图

产品规划的具体流程如下图所示。

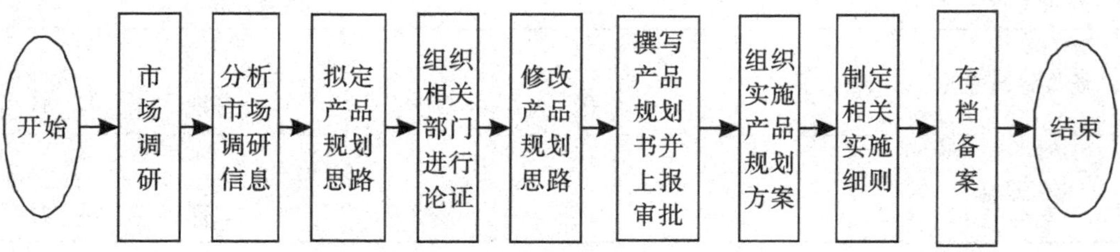

产品规划流程图

第 6 条　产品规划工作标准

产品规划工作标准具体如下表所示。

产品规划工作标准表

工作事项	工作标准	时间标准	重点
市场调研与分析	★ 市场调研人员实施市场调研，广泛收集各种有效产品信息以及潜在客户的需求	5 个工作日	市场信息分析
	★ 市场调研人员对市场调研中获取的市场信息进行分析，从中提取最有价值的信息并进行分类汇总	2 个工作日	
确定产品规划思路	★ 产品规划专员在充分把握信息的基础上，根据公司发展目标和现有资源拟定产品规划思路 ★ 产品规划主管对产品规划思路的拟定进行指导，提出建议，产品规划专员进行归纳和整理，不断完善产品规划思路	——	认证产品规划思路
	★ 产品规划专员召集市场营销部、研发部、生产部、财务部的相关人员就撰写的产品规划思路进行论证	3 个工作日	
	★ 对于产品规划专员的规划思路，市场营销部、研发部、生产部、财务部的相关人员分别从销售及市场潜力、技术可行性、生产可行性、经济可行性等方面进行分析	2 个工作日	
	★ 产品规划专员根据各部门的反馈信息重新拟定产品规划思路并经各部门重新论证，或者对于已经拟定的产品规划思路进行修改完善，并确定最终的产品规划思路	——	

（续）

（续表）

工作事项	工作标准	时间标准	重点
编写产品规划书及审批	★ 产品规划专员根据产品规划思路撰写产品规划书，产品规划书一般包括产品定位、产品设计方案、产品研发方案、产品市场推广方案以及产品跟踪服务等内容	2 个工作日	撰写产品规划书
	★ 产品规划专员将产品规划书初稿报请产品规划主管审核，产品规划主管认真审核	1 个工作日	
	★ 产品规划主管将审核通过的产品规划书初稿报主管副总审核 ★ 主管副总审核未通过，则由产品规划专员负责修改产品规划书	1 个工作日	
	★ 经主管副总经理审核通过的产品规划书报总经理审批，总经理依据公司的发展战略和总体管理状况对产品规划书进行分析 ★ 总经理审批未通过，则由产品规划专员修改产品规划书	1 个工作日	
实施产品规划方案	★ 产品规划书经总经理审批同意后，产品规划专员组织实施，产品规划主管指导、检查实施工作，相关部门配合实施	——	制定产品规划方案实施细则
	★ 根据部门工作职责和工作目标，相关部门依据产品规划方案，制定本部门的产品规划方案实施细则	1 个工作日	
	★ 产品规划专员将产品规划书、各部门的产品规划方案实施细则等相关资料备案、归档	——	

第 7 条　本制度由研发部负责制定，其解释权、修改权亦归研发部所有

第 8 条　本制度自____年__月__日起开始执行

编制日期		审核日期		批准日期	
修改标记		修改处数		修改日期	

3.3.2 产品规划管理表单

1. 产品发展规划表

规划事项		规划内容
产品发展蓝图	产品生命周期	
	产品更新换代策略	
	产品中长期发展规划	
	产品对企业的重要性	
产品的版本规划	第一个版本卖点	
	第二个版本卖点	
	第三个版本卖点	
里程碑规划	——	

2. 产品研发规划表

规划事项		规划内容
需求分析	需求规格说明书	
产品设计	系统框架	
	工作流程	
	功能设计	
研发计划	研发资源的配置	
	研发实施进度安排	
	测试	
	产品包装设计	

3. 产品营销规划表

<table>
<tr><td colspan="3">背景分析与综合整理</td></tr>
<tr><td rowspan="4">背景分析</td><td>企业评析</td><td></td></tr>
<tr><td>市场分析</td><td></td></tr>
<tr><td>竞争分析</td><td></td></tr>
<tr><td>趋势变动</td><td></td></tr>
<tr><td colspan="3">背景分析与综合整理</td></tr>
<tr><td rowspan="4">综合整理</td><td>问题与机会</td><td></td></tr>
<tr><td>销售预测与目标</td><td></td></tr>
<tr><td>产品目标</td><td></td></tr>
<tr><td>定位策略</td><td></td></tr>
<tr><td colspan="2">背景分析与综合整理摘要</td><td></td></tr>
<tr><td colspan="3">规划内容</td></tr>
<tr><td rowspan="11">行动方案</td><td>目标市场</td><td></td></tr>
<tr><td>产品策略</td><td></td></tr>
<tr><td>定价策略</td><td></td></tr>
<tr><td>广告策略</td><td></td></tr>
<tr><td>推广策略</td><td></td></tr>
<tr><td>现场销售策略</td><td></td></tr>
<tr><td>分销策略</td><td></td></tr>
<tr><td>培训要求</td><td></td></tr>
<tr><td>产品上市计划</td><td></td></tr>
<tr><td>产品推广计划</td><td></td></tr>
<tr><td>产品手册</td><td></td></tr>
</table>

第4章
产品技术设计管理制度与表单

4.1 新产品设计开发管理制度与表单

4.1.1 新产品设计开发管理制度

以下是某公司的新产品设计开发管理制度，供读者参考。

<table>
<tr><td rowspan="2">制度名称</td><td rowspan="2" colspan="3">新产品设计开发管理制度</td><td>受控状态</td><td></td></tr>
<tr><td>编　　号</td><td></td></tr>
<tr><td>执行部门</td><td></td><td>监督部门</td><td></td><td>编修部门</td><td></td></tr>
</table>

第1章　总则

第1条　目的

为加速产品更新换代，推动公司技术进步，加强新产品设计开发管理工作，提高公司的市场竞争力，特制定本制度。

第2条　适用范围

本制度适用于公司所有新产品的设计开发管理工作。

第3条　新产品定义

本制度所称的“新产品”，是指在结构、材质和工艺等方面比老产品有明显改进，显著提高了产品的性能或扩大了产品使用功能以及采用了新技术原理、新设计构思的产品。

第4条　新产品设计开发遵循的原则

新产品设计开发遵循以下三项原则。

（1）产品具有先进性、适用性、适销对路等潜在的经济效益和社会效益。

（2）产品符合产业、产品结构调整方向，符合国家技术政策和技术装备政策。

（3）产品设计标准化。

第5条　新产品设计开发小组

公司特成立新产品设计开发小组，专门负责新产品设计开发项目的管理工作。新产品设计开发小组由组长、副组长及组员构成。组长由主管副总经理担任，副组长由产品研发经理担任，其他小组成员依项目性质不同，由主管副总（兼组长）指派公司内其他现有人员或招聘新员工担任。

第2章　编制新产品设计开发计划

第6条　设计开发计划编制依据

设计开发计划编制的依据如下。

（1）国家法律法规的规定。

（2）国内外市场分析。

（续）

（3）公司的实际情况和经营发展战略。

第7条 优先纳入设计开发计划的产品类别

凡符合下列条件之一的新产品，应优先纳入新产品设计开发计划。

（1）节约能源和原材料、出口创汇、防止环境污染的新产品。

（2）消化吸收引进技术和进口设备基本实现国产化的新产品。

（3）符合国内外市场急需、应用量大的新产品。

（4）国内高技术研究成果产业化的新产品。

第8条 设计开发项目申请

申请列入新产品设计开发计划的项目，应提交技术经济可行性研究报告和计划任务书，并报上级领导审批同意。

第3章 设计开发调研与分析

第9条 调研范围

新产品可行性分析必须对产品的社会需求、市场占有率、技术现状、发展趋势及资源效益五个重要方面进行分析论证及科学预测。

第10条 调研内容

设计开发调研内容如下。

（1）调查国内市场及国际重点市场的技术现状和改进要求。

（2）以国内同类产品市场占有率的前三名以及国际名牌产品为对象，调查同类产品的质量、价格及使用情况。

（3）广泛收集国内外有关情报和专利，然后进行可行性分析研究。

第11条 可行性分析内容

可行性分析内容如下。

（1）论证该产品的技术发展方向和动向。

（2）论证市场动态及发展该产品所具备的技术优势。

（3）论证该产品发展所具备的资源条件和可行性（含物资、设备、能源等）。

（4）初步论证技术经济效益。

（5）写出该产品批量投产的可行性分析报告。

第4章 新产品设计开发与试制

第12条 设计开发与试制要求

（1）新产品设计开发经过市场调研后，确定试制目标和实施方案，由产品研发人员进行设计开发和试制。

（2）经过小批量试制考核、试销，稳定工艺、完善工装、检测以及产品标准制定等程序后，才能大批量投产。

（续）

第 13 条　设计开发标准

（1）国家级、省级新产品设计必须采用国际标准或采用与国际先进水平相当的标准。

（2）新产品定型投产前必须通过标准化审查，未经审查不得投产。

第 14 条　试制

新产品试制一般分为样品试制和小批试制两个阶段。

1. 样品试制

样品试制是指根据设计图纸、技术文件和少数必要的工装，由试制车间试制出一件或数十件样品，然后按要求进行试验，以考察产品的性能和设计的合理性。此阶段工作应完全在产品研发部内进行。

2. 小批量试制

小批量试制是在样品试制的基础上进行的，它的主要目的是考核产品的工艺性，以进一步校正和审验设计图纸。此阶段试制工作可部分转移至生产车间进行。

第 5 章　新产品鉴定

第 15 条　新产品鉴定

（1）新产品鉴定是对新产品从技术和经济上作全面的评价，以确定新产品是否可进入试制或正式投产。

（2）在完成样品试制和小批试制的全部工作后，产品研发部方可按项目管理级别申请鉴定。

第 16 条　鉴定的类别

（1）鉴定分为样品试制后的样品鉴定和小批试制后的小批试制鉴定，不准跨流程进行。

（2）已投入正式生产的产品系列，经过批准，样品试制鉴定和小批试制鉴定可以合并进行，但必须备齐两类鉴定所需的技术文件。

第 17 条　新产品样品鉴定必须具备的条件

（1）符合试制计划规定的技术经济指标要求，有检测验证报告。

（2）有产品研制任务书或合同书、产品图纸、标准、研制报告等技术文件。

（3）有产品应用功能试验报告或用户试用证明。

第 18 条　新产品定型或投产鉴定必须具备的条件

（1）工艺稳定合理，具有正式投产必需的工艺规程、操作规范、工装、设备、检测手段及质量保证能力。

（2）符合标准化要求，试生产的产品质量合格稳定。

（3）有试生产的技术文件，原始记录健全，数据可靠。

（4）技术经济指标先进，符合设计要求，试销用户反映良好。

（5）符合环保、安全、卫生等有关规定。

（续）

第 6 章　新产品成果评审和报批

第 19 条　成果报审

新产品根据鉴定级别，按照国家有关科技成果与技术进步有关奖励条例以及本公司《关于技术改进与合理化建议管理办法》办理报审手续。

第 20 条　评审时间

为节省开支，新产品成果评审会应尽量与新产品鉴定会合并进行，成果报审手续必须在评审鉴定后一个月内办理完毕。

第 7 章　奖励与惩罚

第 21 条　优秀产品设计开发奖

本公司设立优秀新产品设计开发奖，每年评比一次，对在新产品设计开发工作中做出显著成绩的人员给予奖励。

第 22 条　惩罚

对于在新产品鉴定工作中弄虚作假、违反公司规定者，由各相关业务部门宣布其鉴定结果无效，并对直接责任者和有关领导给予行政处分。

第 8 章　技术文件资料管理

第 23 条　技术资料管理

（1）图纸幅面和制图符合国家有关标准和公司标准。

（2）成套图册要按顺序编号，蓝图应与实物相符，工装图、产品图等编号应与已有的编号连贯。

（3）产品图应按会签审批程序签字。总装图必须经总工程师审查批准。工艺工装图纸资料由工艺科编制和设计，全部底图应移交技术档案室签收归档保存，同时将影印件进行电子存档。

（4）验收前一个月应将图纸、资料送验收部门审阅。

（5）技术资料的验收汇总及管理由产品研发部负责。

第 24 条　新产品证书办理

新产品证书由产品研发部负责办理。在新产品鉴定后一个月内，产品设计开发部负责办理完新产品证书的报批手续。

第 9 章　附则

第 25 条　本制度由产品设计开发部负责制定、修改和解释

第 26 条　本制度自发布之日起执行

编制日期		审核日期		批准日期	
修改标记		修改处数		修改日期	

4.1.2 新产品设计开发管理表单

1. 新产品设计开发计划表

暂定品名/规格				
描述	（包括主要功能、外型及重量）			
业务效益	目标客户群		目标客户群内份额	
	对客户的价值		价格	
	与竞争对手的差异		竞争情况	
	与整体战略的吻合度		预计收入	
所需资源	预计成本		人员	
	时间		负责人	
时间表	产品概念		产品设计	
	产品试制		产品上市	

填表人：　　　　　　　　　　　　　　　　填表日期：____年__月__日

2. 新产品试制报告表

编号：　　　　　　　　　　　　　　　　　　日期：____年__月__日

产品名称			试制数量		
型号规格			试制日期		
总负责人		生产设备负责人		材料供应负责人	
技术指导		工序控制负责人		工艺负责人	
工艺路线及可行性评审					
现有过程能力的评估，需增加或调配的资源					
结论					
鉴定人员		单位	职称或职务	联系方式	签字
编制		审核		批准	

4.2　产品技术设计审批制度与表单

4.2.1　产品技术设计审批细则

以下是某公司的产品技术设计审批细则，供读者参考。

<table>
<tr><td rowspan="2">制度名称</td><td colspan="3" rowspan="2">产品技术设计审批细则</td><td>受控状态</td><td></td></tr>
<tr><td>编　　号</td><td></td></tr>
<tr><td>执行部门</td><td></td><td>监督部门</td><td></td><td>编修部门</td><td></td></tr>
</table>

第 1 章　总则

第 1 条　目的

为规范产品设计相关文件及图纸等的审批工作，确保审批符合规定程序，防止因设计人员疏忽或经验不足带来的图纸、技术资料上的差错，保证图纸、技术资料完整、正确、协调、统一，特制定本细则。

第 2 条　适用范围

本细则适用于产品技术设计的审批工作。

第 2 章　审签总要求

第 3 条　产品设计人员在计算机上完成设计图样（或技术文件）并自审后，由文控中心输出设计底图（或技术文件），交设计者。

第 4 条　产品设计人员在图纸（或技术文件）设计（或编制）栏中签字后，按规定的签字顺序，依次传递审签。

第 5 条　签字需用碳素墨水签字，不得盖章。

第 3 章　审签具体规定

第 6 条　产品图样审签

关于产品图样审签的程序、责任、权限等规定如下表所示。

产品图样审签规定表

审签程序	签署人	具体责任与权限
设计	设计者	◆ 每张设计图由设计者自签 ◆ 对设计基准、材料选用、技术要求、零部件结构、强度、标准化、通用化、机械制图、形位公差等的正确性、合理性，以及可靠性、安全性、经济性负设计责任

（续）

（续表）

审签程序	签署人	具体责任与权限
校对	其他设计人员	◆ 在每张图纸上签字 ◆ 全面校核设计是否正确、合理，表达是否清晰，尺寸、公差配合、粗糙度、技术要求等是否存在错误或不妥之处 ◆ 发现其中错误或不妥之处，提出修改建议，由设计者进行修改
审核	项目组长或具备一定资格的设计人员	◆ 在每张图纸上签字 ◆ 全面审核设计的正确性、合理性、可靠性、安全性、经济性，零部件间相互配合或连接尺寸的协调性，图样的完整性、统一性，指出或修改其不足和错误，或退回设计者改进
工艺	技术部专职工艺人员	◆ 按本公司“产品结构工艺性审查办法”规定执行
标准化	标准化专职人员或兼职人员	◆ 按本公司“图样标准化审查制度”规定执行
批准	总工	◆ 签署产品总装配图 ◆ 对产品总体设计的正确性、性能的先进性、结构的合理性、是否符合公司产品标准进行审核，指出设计和各级审签人员的工作缺陷，责令各部门领导组织改进、补充完善

第 7 条　设计文件审签责任与权限

设计文件审签的程序、责任、权限等的相关规定如下表所示。

设计文件审签规定表

审签程序	签署人	具体责任与权限
编制	编制者	◆ 由文件的编制者签署，对文件的正确性、完整性和相关图样或技术文件的统一性负责
校对	项目组长或具备设计师以上资格的人员	◆ 校对文件内容的正确性、完整性以及其与相关图样或技术文件的统一性；指出文件编制的错误，进行改正或责成编制者改正

（续）

（续表）

审签程序	签署人	具体责任与权限
标准化	由标准化专职人员或兼职人员负责	◆ 按照公司相关规定执行
批准	技术部领导、 总工、 总经理	◆ 产品资料更改由技术部领导签署 ◆ 总工批准其余技术文件（上级立项项目的“试制鉴定大纲”和“型式试验报告”除外），并对总体性、方案性和结论性文件内容负责，有权指出错误和不足，责成相关部门领导组织纠正、修改、完善 ◆ 总经理批准“产品目标”“产品规范”“可行性分析报告”“技术经济分析报告”，对报告的结论负责

第8条　工艺文件审签责任与权限

工艺文件审签的程序、责任、权限等的相关规定如下表所示。

工艺文件审签规定表

工艺文件	审签程序	签署人	具体责任与权限
工艺方案	设计	设计者	◆ 对方案的正确性、合理性、适用性；工艺路线、设备及工艺装备的选用、工艺关键件和质量控制点的确定等的正确性、合理性负责
	审核	技术部领导	◆ 对方案的内容进行审核，指出错误和不足，或责成设计者改正
	批准	总工	◆ 在经修改完善的工艺方案上签字，对方案性、结论性的内容负责
工艺方案评审报告	编制	编制者	◆ 对报告内容的正确性、完整性、条理性负责
	审核	技术部领导	◆ 审核报告内容的正确性、完整性、条理性，指出错误和不足，责成编制者修改、补充、完善
	批准	总工	◆ 对工艺方案的正确性、合理性、可行性、适用性负责，对评审结论负责；有权不批准错误的或有缺陷的方案
	确认	参加评审人员	◆ 确认报告内容的正确性、完整性

（续）

（续表）

备注（各类工艺文件需经历的审签程序）：
（1）工艺规程：签署设计、审核、标准化、会签、批准
（2）工艺守则：签署编制、审核、标准化、批准
（3）管理用工艺文件：签署编制、审核、批准
（4）工艺文件更改通知单：签署编制、审核、批准（由总工签署）
（5）工艺验证书：签署编制、审核（验证组织者和参加者签字确认）

第 9 条　工装设计图样及文件审签责任与权限

关于工装设计图样及文件审签的程序、责任、权限等相关规定如下表所示。

工装设计图样及文件审签规定表

工装设计图样及文件	审签程序	签署人	具体责任与权限
专用工艺装备设计任务书	编制	编制者	◆ 设计任务由技术部工艺人员提出并编制任务书，总工也可根据生产需要提出和编制任务书 ◆ 品管部根据检测需要提出专用量具设计任务 ◆ 对提出的工装设计要求、设计参数的正确性、合理性、完整性、清晰性、能否满足工艺规程和产品图样要求负责，对满足测量精度要求负责
	审核	技术部领导	◆ 对设计的必要性、要求和参数的正确性、合理性、完整性、清晰性进行审核 ◆ 指出错误和不足，或责成编制者纠正。对不必要或不适当的工装设计任务有权修改，或提交总工仲裁
	批准	总工	◆ 对任务的确定，要求的正确性、合理性负责 ◆ 不批准不必要的或错误的工装设计任务 ◆ 指出错误或不足，责令部门领导组织纠正 ◆ 仲裁生产部或品管部提出的设计任务和技术部工装设计人员的意见分歧

（续）

（续表）

工装设计图样及文件	审签程序	签署人	具体责任与权限
专用工艺装备设计任务书	设计	接受工装设计任务的设计人员	◆ 对任务和参数要求不明确、不合理、不完善之处，提出修改意见，经协商统一后由编制人负责修改
工艺装备验证书	编制	编制者	◆ 对验证内容、方法、修改意见、验证结论描述的正确性、完整性负责
	审核	负责验证的部门领导	◆ 审核文件编写的正确性、完整性、清晰性、条理性，指出错误和不足，责成编制者改正
	确认	验证组织者和参加者	◆ 确认验证记录、修改意见和验证结论描述的正确性、完整性。指出错误和不足，由编制者改正

第4章　附则

第10条　本细则由研发部及产品管理部共同制定，其解释权及修订权亦归两部门共同所有

第11条　本细则自总经理批准之日起生效

编制日期		审核日期		批准日期	
修改标记		修改处数		修改日期	

4.2.2　产品技术设计审批表单

1. 产品图样签字表

项目 / 签署人 / 名	设计	校对	审核	工艺	电气	标准化	审定	批准
零件图	设计员签字：	校对人签字：	设计组长签字：	工艺员签字：	电气专业人员签字：	标准化员签字：	技术部领导签字：	——
部装图								总工
总装配图								总工
排列图								——
展开系统图								——
原理接线图								总工

2. 设计报告评审表

项目名称：　　　　　　　　　　　　　　　　　　　　　　评审时间：____年__月__日

主设计师		报告编制人	
评审人员			
评审内容（评审中审议通过的内容在“□”划“√”，否则划“×”）			
1. 设计是否满足功能和性能要求 2. 设计是否满足设计规范的要求 3. 设计是否满足下一阶段的输入要求 4. 错误和缺陷是否消除，或已识别了错误的风险			□ □ □ □
评　审　意　见			
1. 2. 3.			
评　审　结　论			
1. 通过评审，可进入下一阶段 2. 未通过评审，修改后重新评审			□ □

填表人：　　　　　　　　　　　　　　　　　　　　　　审核人：

4.3 技术改造项目确认制度与表单

4.3.1 技术改造项目确认办法

以下是某公司的技术改造项目确认办法，供读者参考。

制度名称	技术改造项目确认办法			受控状态	
				编　　号	
执行部门		监督部门		编修部门	

第 1 章　总则

第 1 条　目的。为进一步规范技术改造过程中申报、立项、审批等的管理工作，控制技术改造质量和提高技术改造资金的利用率，特制定本办法。

第 2 条　适用范围。公司及所辖单位的技术改造工作，均应符合本办法。

（续）

第3条 改造原则。本公司及所辖单位进行的技术改造工作，均应遵循以下五大原则。

（1）针对性原则。

（2）先进性原则。

（3）适用性原则。

（4）可行性原则。

（5）经济性原则。

第4条 名词解释。本制度所称的“技术改造”，是指公司为了提高经济效益、提高产品质量、增加花色品种、促进产品升级换代、扩大出口、降低成本、节约能耗、加强资源综合利用和三废治理、生产安全等目的，采用先进的、适用的新技术、新工艺、新设备、新材料等对现有设施、生产工艺条件进行的改造。

第5条 职责划分。

（1）公司各部门及员工负责针对公司的实际情况，提出技术改造项目申请。

（2）技术研发部负责技术改造项目的可行性分析、项目预算、项目上报及项目组织实施、技术资料归档等工作。

（3）公司成立技术改造项目评审小组，负责技术改造项目的审核、立项和过程控制。

（4）相关部门提供技术改造项目相关参数和资料。

第2章 技术改造项目确认管理

第6条 各部门及员工结合实际工作及公司技术发展需求，在进行认真分析的基础上，于每年10月底之前向技术研发部提交技术改造项目申请。

第7条 技术研发部会同有关使用单位根据技术改造原则对技术改造项目进行筛选，预选出下一年度技术改造项目，对该项目进行可行性分析，并填写“技术改造项目立项申报表”报技术研发部经理审核同意后，于每年11月底之前报公司技术改造项目评审小组审批。

第8条 可行性分析报告至少应包括以下内容。

（1）项目名称、使用部门。

（2）技术改造详细方案（包括时间进度安排等）。

（3）项目改造预算费用（提供详细组成清单及价格）。

（4）项目实施技术改造后达到的预期效果和经济分析等。

第9条 技术改造项目评审小组会同相关部门对上报的项目进行分析、评估，选定综合经济效益好的项目进行立项，核定项目改造经费，并报公司总经理审批。

第10条 审批同意立项的项目编入下一年度技术改造项目预算，并下发给各部门。

第3章 技术改造项目确认奖励

第11条 员工或部门所提的技改建议及解决方案分为无效建议、存档建议和立项建议三类。

（1）无效建议指公司现有条件无法满足的或过时的、不符合技术发展趋势的技改建议。

（续）

（2）存档建议指符合技术发展趋势但公司现有条件无法满足而有可能在将来落实的技改建议。

（3）立项建议指项目评审小组认为根据公司现有条件可立刻实施并能给公司带来经济效益的技改建议。

第12条　公司对存档建议与立项建议提出者进行奖励，具体奖励规定如下。

（1）每提一次存档建议，奖励人民币200元。

（2）立项建议带来的经济效益在10万元以下的，按所带来的经济效益的10%作为对提议人的奖励；立项建议带来的经济效益在10万元以上的，按所带来的经济效益的15%作为对提议人的奖励。

第13条　立项建议所带来的经济效益以财务部的数据为准。

第4章　附则

第14条　本办法由技术研发部负责制定，报总经理批准后执行，修改时亦同。

第15条　本办法自颁布之日起实施。

编制日期		审核日期		批准日期	
修改标记		修改处数		修改日期	

4.3.2 技术改造项目确认表单

1. 技改项目申请表

编号：　　　　　　　　　　　　　　　　　　　　　　　　日期：____年__月__日

项目名称		项目种类	
开工时间		竣工时间	
技改预算		负责人	
资金来源			
涉及部门			
技改原因			
技改目标			
经济效益分析			

填表人：　　　　　　　　审批人：　　　　　　　　复核人：

2. 技术改造审批表

编号：

项目名称		项目种类	
负责人		起止时间	
技术改造项目审批记录			
技术研发部经理意见	签字：　　　日期：____年__月__日		
财务总监意见	签字：　　　日期：____年__月__日		
总经办意见	签字：　　　日期：____年__月__日		

4.4　技术图纸设计管理制度与表单

4.4.1　技术图纸设计管理制度

以下是某公司的技术图纸设计管理制度，供读者参考。

制度名称	技术图纸设计管理制度			受控状态	
				编　　号	
执行部门		监督部门		编修部门	

第 1 章　总则

第 1 条　目的

为了提高产品质量，对技术资料进行精细化的管理，特制定本制度。

第 2 条　适用范围

本制度适用于公司所有技术图纸的设计管理工作。

第 2 章　技术图纸设计

第 3 条　设计内容

订单确定后，设计人员首先完成下料图纸、成型图纸、机加工图纸以保证生产要求。

（1）下料图纸包括封面、材料明细表（管材下料明细、气割件下料明细）、弯管图纸、气割件图纸等。

（续）

（2）成型图纸包括封面、材料明细表（管材下料明细、气割件下料明细）、总装图、部件图、部件焊接工艺卡片图、零件图等。

（3）机加工图纸包括封面、机加工件零件图。

第4条　设计要求

技术图纸设计应符合以下要求。

（1）尺寸标注清晰、明了、易懂。

（2）尺寸准确、完整。

（3）理论重量和喷塑面积必须与实际一致，不允许有明显设计缺陷和尺寸错误。

（4）产品设计必须符合国家标准。

（5）生产用图纸必须在生产之前3天内下发。

第3章　技术图纸审查

第5条　收集相关资料

（1）搜集国内外相似产品的设计大数据，并进行初步的分析和整理，确定可以用来进行对比计算的典型结构和相似的产品。

（2）从本行业中收集最符合新产品生产性质、规模和条件的企业进行对比。

（3）收集不同设计阶段的评价指标，根据规定选用最能体现该产品结构工艺的评价指标体系，并说明评价指标的计算方法与公式。

第6条　进行审查

1. 产品结构和技术审查

（1）对技术图纸中产品主要结构的设想在确保新产品所需功能的基础上，按工艺规程设计的原则提出科学的对策和建议，保证没有重大的结构性设计问题。

（2）对一些有争议的设计问题，可由研发总监召集技术部门负责人、工程师、车间技术人员和有经验的员工共同进行分析和审查。当意见有分歧时，由研发总监裁决。

（3）为解决某些新结构的设计问题，可请外单位的专家协助进行审查。

（4）审查决议记录，由技术部立案存档，同时填写“设计修改记录单”。

2. 图样审查

产品图样审查由产品设计工程师和各专业设计专员共同进行。

第7条　审查后处理

（1）全套图纸审查完后，对未存在重大问题者，审查人员应在“设计报告评审表”上签字。

（2）如有重大问题则暂不签字，将设计图纸和审查记录单一并交技术部门，由设计人员根据记录表上的意见和建议修改原设计图样。修改完后再将产品设计图返回研发部复审。

第8条　编制设计图纸审查报告

审查人员进行审查后，编制“设计图纸审查报告”。审查报告的内容一般包括以下四个方面。

（续）

<table>
<tr><td colspan="6">

（1）概述设计产品的性质、用途及提出本报告的目的。

（2）分析产品工艺特点，论证设计的合理性。

（3）结构及改进设计的建议。

（4）引证文件目录。

第 4 章　技术图纸设计绩效考核

第 9 条　核算绩效奖金

技术设计图纸经审查通过后，技术部人员填写设计任务单，经技术部经理、质检部经理、研发总监、公司副总经理签字后统一核算奖金，按月算人工资。

第 10 条　相关惩处

技术资料有明显错误而没有及时更改、导致产生质量问题的，每出现一次，对技术部人员罚款 50 元。

第 5 章　附则

第 11 条　本制度由技术部、研发部共同负责制定、解释及修订

第 12 条　本制度自____年__月__日起开始执行

</td></tr>
<tr><td>编制日期</td><td></td><td>审核日期</td><td></td><td>批准日期</td><td></td></tr>
<tr><td>修改标记</td><td></td><td>修改处数</td><td></td><td>修改日期</td><td></td></tr>
</table>

4.4.2　技术图纸设计管理表单

1. 设计修改记录表

编号：　　　　　　　　　　　　填写人：

<table>
<tr><td>原图号</td><td></td><td>产品名称</td><td></td><td>修改日期</td><td></td></tr>
<tr><td>修改人</td><td></td><td>审核人</td><td></td><td>审批人</td><td></td></tr>
<tr><td colspan="6">原图内容</td></tr>
<tr><td colspan="6"></td></tr>
<tr><td colspan="6">变更内容</td></tr>
<tr><td colspan="6"></td></tr>
</table>

2. 图纸设计审查表

审查内容	具体内容
结构审查	（1）产品及其零部件的结构是否符合工艺要求，是否便于采用高效的加工方法 （2）是否考虑到产品设计的继承性、标准化和通用化程度 （3）进度、光洁度和技术要求在保证性能的前提下，是否合理 （4）基准面的选择是否方便、可靠 （5）选用的材料是否合理、经济，加工、装配、拆卸、调整和维修是否方便
技术审查	（1）分析审查设计图纸中产品组成部件进行平行装配和检查的可行性 （2）分析审查总装配的可能性 （3）审查装配时避免或减少切削加工的可能性 （4）审查产品主要参数的可检查性和主要配合精度的合理性 （5）审查关键部件在本厂生产的可行性和特殊零件外协加工的可行性
图样审查	（1）审查产品各部件是否具有可供装配的基面和准确的位置、尺寸联系，是否便于调整和装卸 （2）审查各大装配单元是否可分解成平行装配的小装配单元 （3）审查零部件的铸造、锻造、冲压、焊接、热处理、切削加工、装配和维修的工艺性 （4）零部件的加工、装配和检验的基面是否经济、合理 （5）零部件的几何形状、进度和粗糙度是否合适；尺寸的标注是否合理、齐全
审查意见	签字： 日期：____年__月__日

4.5　产品零部件设计管理制度与表单

4.5.1　产品零部件设计管理制度

以下是某公司的产品零部件设计管理制度，供读者参考。

<table>
<tr><td rowspan="2">制度名称</td><td colspan="3" rowspan="2">产品零部件设计管理制度</td><td>受控状态</td><td></td></tr>
<tr><td>编　　号</td><td></td></tr>
<tr><td>执行部门</td><td></td><td>监督部门</td><td></td><td>编修部门</td><td></td></tr>
</table>

第1章　总则

第1条　目的。为规范产品零部件的设计管理工作，确保最终产出的产品符合技术任务书的要求，特制定本制度。

第2条　适用范围。本制度适用于公司产品的零部件的设计管理工作。

第2章　零部件技术设计

第3条　设计师必须以已批准的技术任务书为基础，完成产品的主要计算和主要零部件的技术设计。

第4条　在设计零部件时，设计师与工艺师必须紧密合作，以保证所提出的零部件设计方案能涵盖制造过程中可能出现的问题。

第5条　技术设计的内容。

（1）完成产品设计过程中必须的试验研究，并写出试验研究大纲和研究试验报告。

（2）做出产品设计计算书，如对运动、刚度、强度、振动、热变形、电路、液气路、能量转换、能源效率等方面进行计算、核算。

（3）绘制产品总体尺寸图、产品主要零部件图，并校准。

（4）运用价值工程，对产品中造价高、结构复杂、体积笨重、数量多的主要零部件的结构、材质精度等选择方案进行成本与功能关系的分析，并编制技术经济分析报告。

（5）绘出各种系统原理图，如传动、电气、液气路、联锁保护等系统。

（6）提出特殊元件、外购件、材料清单。

（7）对技术任务书的某些内容进行审查和修正。

（8）对产品进行可靠性、可维修性分析。

第3章　零部件工作图设计

第6条　工作图设计的要求。

设计者必须严格遵守有关标准规程和指导性文件的规定，设计绘制各项产品零部件工作图。

（续）

第7条 工作图设计的内容。

1. 绘制产品零件图、部件装配图和总装配图

（1）零件图，包括图样格式、视图、投影、比例、尺寸、公差、形位公差、表面粗糙度、表面处理、热处理要求及技术条件等应符合标准。

（2）部件装配图，除保证图样规格外，包括装配、焊接、加工、检验的必要数据和技术要求。

（3）总装配图，应给出反映产品结构概况及组成部分的总图，总装加工和检验的技术要求，给出总体尺寸。

2. 产品零件、标准件明细表及外购件、外协件目录

3. 产品技术条件

产品技术条件应包括以下四个方面。

（1）技术要求。

（2）试验方法。

（3）检验规则。

（4）包装与储运标志。

第4章 设计交验与变更

第8条 设计交验。

（1）产品零部件工作图设计全部完成，研发部经理及总工程师对工作图样和设计文件进行认真的审查。

（2）零部件设计审查通过后，开始产品试制。产品试制小组通过对新设计的产品在标准化、系列化、通用化方面做出总的评价，用以确定产品零部件研发设计的成果。

（3）试制验收完成后，由产品试制小组编制验收报告。

第9条 设计变更。

（1）凡在设计交验过程中，因设计错误、设计漏项、用户要求、工艺变更及设计改进而进行的产品任何零部件组织结构、参数的调整，均视为设计变更。

（2）设计变更必须严格履行审批制度，具体规定如下所示。

① 设计安全性、可靠性以及结构、性能的重大变更，必须经总工程师批准，方可变更。

② 设计一般结构、性能的变更，必须经研发部经理审批通过后，方可变更。

第5章 附则

第10条 本制度由技术研发部负责制定、解释及修订，由总经理审批。

第11条 本制度自____年__月__日起开始执行。

编制日期		审核日期		批准日期	
修改标记		修改处数		修改日期	

4.5.2 产品零部件设计管理表单

1. 产品零部件设计进度表

零部件名称		零部件编号	
工作事项	进度要求	时间完工情况	
技术设计			
工作图设计			
工作事项	进度要求	时间完工情况	
产品试制			
产品评估			

2. 产品零部件设计评估表

产品名称		零部件名称	
产品编码		零部件编号	
评估记录			
评估标准	具体要求	评估结论	备注
强度			
刚度			
耐热性			
振动稳定性			
寿命			
可靠性			
精度			

第5章
产品开发管理制度与表单

5.1 新产品开发立项管理制度与表单

5.1.1 新产品开发立项管理制度

以下是某公司的新产品开发立项管理制度，供读者参考。

<table>
<tr><td rowspan="2">制度名称</td><td colspan="3" rowspan="2">新产品开发立项管理制度</td><td>受控状态</td><td></td></tr>
<tr><td>编　　号</td><td></td></tr>
<tr><td>执行部门</td><td></td><td>监督部门</td><td></td><td>编修部门</td><td></td></tr>
</table>

第1章　总则

第1条　目的。为规范新产品开发立项的相关事项，保证公司科技发展规划的实施及新产品开发项目的可行性，特制定本制度。

第2条　适用范围。本制度适用于公司所有开发的新产品。

第3条　名称解释。本制度所称的“新产品”，指采用新技术原理、新设计构思研制、生产的全新产品，或在结构、材质、工艺等某一方面比原有产品有明显改进，从而显著提高了产品性能或扩大了使用功能的产品。

第4条　职能划分。

1. 研发中心职责

研发中心是公司新产品开发立项决策归口管理部门，主要负责以下工作。

(1) 负责组织新产品开发立项评审会议。

(2) 负责汇总、审核申报的新产品项目。

(3) 负责新产品的技术开发研究。

(4) 负责申报县、市、省级、国家级新产品的立项。

(5) 负责产品开发费用的签批、核定。

2. 技术部职责

技术部协助研发中心组织相关部门参加新产品立项申报及开发立项评审决策会议，提出新产品开发的建议及投放市场的对策及计划。

3. 财务部职责

负责公司产品开发经费的归集、核算、记账、监督管理工作。

第2章　开发立项工作管理

第5条　每年11~12月份，技术部根据市场调研分析及公司现状向研发中心申报下一年的新产品开发立项申请表及可行性分析报告。上报的可行性分析报告至少应包括以下六项内容。

（续）

（1）市场需要。

（2）国内外同类产品对比。

（3）项目创新点。

（4）开发条件（人、财、物）。

（5）效益分析。

（6）开发周期。

第6条　研发中心整理、审核技术部申报的资料、组织新产品开发立项评审会议，并将讨论结果报总工程师确定新产品开发立项项目。

第7条　新产品开发立项的依据主要有以下三点。

（1）国内外现状、水平和发展趋势。

（2）项目开发对本公司、行业的推动（带动）作用。

（3）项目达到的技术水平及市场前景。

第8条　总工程师根据新产品开发立项评审会议结论，编辑公司的新产品开发立项计划书，报总经理审批。

第9条　公司总经理根据立项计划书，经研究同意实施研发项目（自主、委托、合作研究），签批立项决议。

第10条　立项决议及立项计划书经批准后，分别送达至总经办、研发中心、财务部。

第11条　根据政府有关部门的要求，技术部协助研发中心组织申报省、国家级新产品的立项申报工作。

第3章　开发立项经费管理

第12条　产品开发经费是用于进行科学技术研究、新产品开发、新技术推广应用的专项费用，必须按计划专项管理，统筹安排，节约使用。

第13条　产品开发经费的来源主要有以下两个。

（1）政府的专项科技基金拨款。

（2）公司自筹研究开发项目资金。

第14条　公司应根据新产品开发项目的立项报告建立产品开发在线经费专项管理平台，用于项目的申报、审批、支出、报销入账等，对于研发经费申领的明细账需准确、及时地归集各个项目的费用发生情况。多个新产品开发项目使用共同资源的，应采用科学合理的方法将产品开发经费在各个受益项目之间分摊。

第15条　产品开发经费的审批通过电子化管理更加方便、快捷，但经费的拨付必须在产品开发项目立项决议审批后才能启用，并由项目负责人按规定的使用范围严格控制、合理使用。

第16条　产品开发经费报销时，须由项目负责人、技术副总审核签批，并在核销票据上注明所属项目后方可到财务核销。

（续）

第 17 条　对于产品开发经费的使用情况，公司将组织审查，如发现经费使用不当的，要追究项目负责人的责任，并视具体情况，收回投资款项。

第 4 章　附则

第 18 条　本制度由研发中心、技术部、财务部共同制定，经总经理办公室讨论通过后发布。

第 19 条　本制度自发布之日起执行。

编制日期		审核日期		批准日期	
修改标记		修改处数		修改日期	

5.1.2　新产品开发立项管理表单

1. 新产品开发立项审批表

项目名称		
规格		
政策可行性	专利保护	
	国家标准	
	生产批件	
技术可行性	工艺	
	稳定性	
	质量标准	
开发合作对象	名称	
	硬件	
	其他	
研发中心领导签字		
公司总经理签字		

2. 新产品立项通知书

编号：　　　　　　　　　　　　　　　　　　　　　　　　日期：____年__月__日

<table>
<tr><td colspan="2">项目编号</td><td colspan="2"></td><td colspan="2">项目提出部门</td><td></td></tr>
<tr><td rowspan="2">项目名称</td><td>中文</td><td colspan="2"></td><td colspan="2">项目提出人</td><td></td></tr>
<tr><td>英文</td><td colspan="2"></td><td colspan="2">项目提出时间</td><td></td></tr>
<tr><td colspan="2">产品规格</td><td colspan="2"></td><td colspan="2">目标成本</td><td></td></tr>
<tr><td colspan="2">项目类别</td><td colspan="5">□ 1类　□ 2类　□ 3类　□ 4类　□ 5类　□ 6类</td></tr>
<tr><td colspan="2">任务性质</td><td colspan="5">□ 优先　□ 一般　□ 计划　□ 长期</td></tr>
<tr><td colspan="2">认证要求</td><td colspan="5"></td></tr>
<tr><td colspan="7">技术要求、性能指标、客户要求（关键词：功能、外观、指定物料、确认方式）</td></tr>
<tr><td colspan="7"></td></tr>
<tr><td colspan="2">研发部评估</td><td colspan="5"></td></tr>
<tr><td colspan="2">模具费用（元）</td><td colspan="2">手板费用（元）</td><td colspan="2">其他费用（元）</td><td>开发完成时间</td></tr>
<tr><td colspan="2"></td><td colspan="2"></td><td colspan="2"></td><td></td></tr>
<tr><td colspan="2">总经理批示</td><td colspan="5"></td></tr>
<tr><td colspan="7">项目类别填写说明：
（1）1类，全新非市面主流产品，含有创新设计及新科技。
（2）2类，新产品，市面现有但公司内从未设计及生产过，含有未使用过的新技术。
（3）3类，新产品，中高价市面及公司内现有类似产品，加入新设计及技术。
（4）4类，新产品，低价市面及公司内现有类似产品，小量新设计但不含新技术。
（5）5类，现有已生产产品，因销售地方不同而做出规格上的更改，需要重新认证及作可靠性测试。
（6）6类，现有已生产产品，因不同客户而做出外观上及小量结构上的修改，但不需任何安全测试。</td></tr>
</table>

5.2 新产品开发作业管理制度与表单

5.2.1 新产品开发作业管理制度

以下是某公司的新产品开发作业管理制度，供读者参考。

<table>
<tr><td rowspan="2">制度名称</td><td colspan="3" rowspan="2">新产品开发作业管理制度</td><td>受控状态</td><td></td></tr>
<tr><td>编　　号</td><td></td></tr>
<tr><td>执行部门</td><td></td><td>监督部门</td><td></td><td>编修部门</td><td></td></tr>
</table>

第1章　总则

第1条　目的。为确保本公司新产品开发从企划至量产阶段能领先于本行业其他企业，并能适时推向市场，满足客户对品质、成本、交期、服务等的需求，特制定本制度。

第2条　适用范围。本制度适用于公司所有新产品的开发作业管理。

第3条　新产品开发小组。新产品开发小组负责具体产品开发作业相关事宜。新产品开发项目负责人在项目管理平台上创建项目团队，抽调相关部门人员纳入此团队，相关部门包括技术研发部、市场部、品质部、生产部、采购部（必要时可要求外包商和客户共同参与）。

第4条　产品开发作业阶段划分。新产品开发作业大致可分为以下六个阶段。

（1）新产品开发评估阶段。

（2）新产品策划阶段。

（3）新产品设计开发阶段。

（4）样件制造阶段。

（5）试产阶段。

（6）量产阶段。

第2章　新产品开发评估管理

第5条　市场部根据客户或市场需求，提出新产品开发计划。

第6条　新产品开发项目负责人召集新产品开发小组进行可行性评估。

第7条　在可行性评估中，市场部提出未来客户需求计划、产品规格、产品预计开发周期及产品预计销售价格等。

第8条　在可行性评估中，技术研发部描述制造，提出初始制造过程流程图。

第9条　在可行性评估中，技术研发部提出初始BOM。

第10条　在可行性评估中，采购部应提出产品初始材料成本架构。

第11条　在可行性评估中，新产品开发小组必须界定产品规格是否满足输入的必要资讯，并评估新产品在技术上（如开发设计能力、制造能力、相关厂商配合度等）、经济上、组织上的可行性。

（续）

第12条　在可行性评估中，新产品开发小组可组织召开会议，决定是否实行新产品策划作业阶段，相关会议内容经与会人员签字确认后，作为会议记录。

第3章　新产品策划管理

第13条　新产品开发可行性评估通过后，新产品开发项目负责人与新产品开发小组编制新产品设计开发计划，其内容包括工作项目、活动预完成期限、活动负责人（或部门）。

第14条　经可行性评估通过后的新产品，新产品开发项目负责人应将该产品的规格要求转化为零件、材料、电路、机械等设计要求。必要时，发行零件、材料规格书，电路原理、结构件设计图可作为新设计开发计划的内容。

第15条　新产品设计开发计划经各负责人（或部门主管）签核，由总经理（或代理人）批准。

第16条　在新产品设计开发计划评审中，主要评估开发计划是否符合客户要求，开发计划执行的可行性（如现有设计人员的能力、开发时间是否足够），评估时可考虑以往类似的开发信息及与现有设计开发人员能力进行比较等，决定是否执行新产品设计开发阶段。

第17条　新产品开发的进度由新产品开发项目负责人监督，各活动负责人（或部门主管）配合执行。

第4章　新产品设计开发管理

第18条　开发策划阶段经评估可行后，新产品开发小组产品机构工程师开始着手新产品整体机构图面及新产品零件结构图的设计。相关试模完成后，新产品开发小组组织相关人员进行设计验证。

第19条　开发策划阶段经评估可行后，新产品开发小组产品机构工程师应开始着手新产品组装架构图的设计。相关试模完成后，新产品开发小组组织相关人员着手生产工、夹具的设计与外包检讨。

第20条　开发策划阶段经评估可行后，新产品开发小组产品电子工程师开始着手新产品原理图、电路图的绘制。

第21条　生产工、夹具设计与制作验收完成后，新产品开发项目负责人组织新产品开发小组召开评审会议，对本阶段各项准备工作是否满足日后生产的需要，生产工、治具是否满足制造要求进行评估，并形成会议记录，决定是否执行样件制造阶段。

第5章　样件制造管理

第22条　设计开发阶段确认完成后，新产品开发相关人员着手样件的制造工作。

第23条　在样件制造阶段，用到未经样品确认的新零件、新材料时，需要求样品确认部门尽快完成样品确认工作。

第24条　在样件制造阶段，新产品开发相关人员应适时发行BOM，以供采购部门备料并计算产品材料成本，作为市场部报价的依据。

第25条　在样件制造阶段，新产品开发相关人员应适时完成产品标准书，并附上产品测试记录（包括功能、性能、尺寸等）或报告，以作为样品确认的依据，必要时供客户参考。

（续）

第 26 条　样件经客户确认后，新产品开发相关人员及时将生产所需资料传送给生产部门（如经确认的样机、BOM、样品测试报告、产品标准书等）。

第 27 条　样件制造阶段，品质部应协力完成产品各项功能、性能等测试。

第 28 条　样件制造阶段完成后，新产品开发小组应对本阶段的输出是否满足输入的要求召开会议，经与会人员签字确认后作为记录，决定是否执行试产阶段。

第 6 章　试产管理

第 29 条　样件制造阶段经确认可行后，进入试产阶段，本阶段由生产部门主导，配合新产品开发小组提出作业所有可能出现的问题，新产品开发小组负责解决。

第 30 条　试产阶段，新产品开发小组负责解决所有设计相关问题，协助完成相关生产作业工作。

第 31 条　试产阶段，新产品开发小组负责生产工时的评估工作。

第 32 条　试产阶段，新产品开发小组负责生产工、治具的制作与完善工作。

第 33 条　试产阶段，新产品开发小组负责制定生产的标准化作业方法。

第 34 条　试产阶段，生产部、品质部协助新产品开发小组完成相关工作。

第 35 条　试产阶段，市场部及时提交客户回签的样件规格确认书，若无回签时，以客户第一批下单为准（样件确认后第一张小批量单）。

第 36 条　试产阶段，生产部根据新产品开发小组的意见进行连续 4 小时或 8 小时或一个班次生产。

第 37 条　试产阶段，品质部负责按要求完成相关测试工作，对试产的新产品实施全检。

第 38 条　试产阶段完成后，新产品开发小组应及时收集用户反馈意见，作为下一轮升级的数据支持，除此之外，研发小组就此阶段设计输出是否符合输入的要求召开会议，经与会人员签字确认后作为会议记录，并决定是否执行量产阶段。

第 7 章　量产管理

第 39 条　量产阶段，采购部根据新产品材料成本架构采取适宜的降价策略或者开发第二供应商。

第 40 条　量产阶段，品质部根据具体作业状况确定相应的控制手段，以降低过程和产品变异。

第 41 条　量产阶段，生产部根据生产状况，就生产工、治具的改良，标准化作业的改进及制程改造提出相关措施，以提高产品合格率。

第 8 章　附则

第 42 条　本制度由研发部、市场部、品质部、生产部、采购部等部门共同制定，其解释权及修订权亦归以上部门共同所有。

第 43 条　本制度由总经理审批，审批通过之日开始执行。

编制日期		审核日期		批准日期	
修改标记		修改处数		修改日期	

5.2.2　新产品开发作业管理表单

1. 新产品设计开发建议表

新产品编号		新产品名称	
新产品用途		提出日期	
提出部门		建议人	
型号规格		销售对象	
基本要求（包括主要功能、性能、结构、外观包装、技术参数说明等）			
市场预测分析（包括市场需求、用户期望、竞争对手情况、产品质量现状、预期首批销量、交货期限、出厂价格等）			
可引用的原有技术			
可行性分析（包括技术、采购、工艺、成本等方面）			
项目所需费用			
参加人员			
产品管理部经理审核			
总经理批示			

2. 新产品设计蓝图管理表

编号：　　　　　　　　　　　　　　　　　　　　填写日期：____年__月__日

产品名称			蓝图张数	总图____张，组件图____张，零件图____张			
类别	图号	图名	绘制人	校核人	完成日期	保管人	清点记录

5.3 样品确认管理制度与表单

5.3.1 样品确认管理制度

以下是某公司的样品确认管理制度，供读者参考。

制度名称	样品确认管理制度			受控状态	
				编　　号	
执行部门		监督部门		编修部门	

第 1 章　总则

第 1 条　目的。为规范样品内部检验及客户确认工作，确保所提供的样品既能满足客户需求，又与公司实际生产水平相符，特制定本制度。

第 2 条　适用范围。本制度适用于需要向客户提供样品的新产品。

第 2 章　样品内部检验管理

第 3 条　生产部门依据相关规定及要求，将生产的样品提交质量管理部。

第 4 条　质量管理部质检专员依据规定的操作程序与质量要求对样品进行检验。

第 5 条　样品检验合格后，相关部门方可报送客户确认。样品检验不合格的，生产部返工重新生产样品，并再次报送检验，直至合格为止。

第 6 条　样品检验完成后，质检专员出具"样品检验报告"并上报有关领导。

第 3 章　样品客户确认管理

第 7 条　生产部将检验合格的样品交予销售部，由销售部送交客户确认。

第 8 条　客户确认合格后会填写样品确认表或下达订单；客户确认不合格，销售部应及时通知生产部重新生产。

第 9 条　研发部对于客户已接受的送样资料进行整理，并依客户类别将这些资料进行归档。

第 10 条　客户下达订单后，由研发部提供相关资料及样品作为生产部和质量管理部生产、检验的依据。

第 4 章　附则

第 11 条　本制度由研发部、生产部、质量管理部、销售部共同负责制定、解释及修订。

第 12 条　本制度由总经理办公室审议通过，自____年__月__日起开始执行。

编制日期		审核日期		批准日期	
修改标记		修改处数		修改日期	

5.3.2　样品确认管理表单

1. 样品检验记录表

检验部门：　　　　　　　　　　　　　　　　　　　　　　　检验日期：____年__月__日

<table>
<tr><td colspan="2">产品名称</td><td colspan="2"></td><td colspan="2">顾客名称</td><td></td></tr>
<tr><td colspan="2">规格/型号</td><td colspan="2"></td><td colspan="2">订单编号</td><td></td></tr>
<tr><td colspan="2">生产数量</td><td colspan="2"></td><td colspan="2">生产日期</td><td></td></tr>
<tr><td colspan="2">检验工序</td><td colspan="2"></td><td colspan="2">检 验 员</td><td></td></tr>
<tr><td colspan="2">生产工序</td><td colspan="2"></td><td colspan="2">操 作 员</td><td></td></tr>
<tr><td>序号</td><td>检验项目</td><td colspan="2">产品质量/技术要求</td><td>测量设备</td><td>检验方法</td><td>检验数据</td></tr>
<tr><td></td><td></td><td colspan="2"></td><td></td><td></td><td></td></tr>
<tr><td></td><td></td><td colspan="2"></td><td></td><td></td><td></td></tr>
<tr><td></td><td></td><td colspan="2"></td><td></td><td></td><td></td></tr>
<tr><td></td><td></td><td colspan="2"></td><td></td><td></td><td></td></tr>
<tr><td>核准</td><td colspan="6"></td></tr>
<tr><td>审查</td><td colspan="6"></td></tr>
<tr><td>备注</td><td colspan="6"></td></tr>
</table>

2. 样品确认表

产品名称		生产日期	
下单日期		订单编号	
送样人		送样日期	
样品要求			
样品确认签字			
备注	样品经客户签字确认后，生产部根据相关要求安排批量生产。如生产产品与样品不符，公司应追究相关人员责任。所有样品及相关资料均归公司所有		

第6章
产品试制投产管理制度与表单

6.1 新产品试制管理制度与表单

6.1.1 新产品试制管理制度

以下是某公司的新产品试制管理制度，供读者参考。

<table>
<tr><td rowspan="2">制度名称</td><td colspan="3" rowspan="2">新产品试制管理制度</td><td>受控状态</td><td></td></tr>
<tr><td>编　号</td><td></td></tr>
<tr><td>执行部门</td><td></td><td>监督部门</td><td></td><td>编修部门</td><td></td></tr>
</table>

第1章　总则

第1条　目的

为了规范新产品开发试制程序，确保产品符合客户需求，特制定本制度。

第2条　适用范围

本公司所有新产品的试制均依照本制度执行。

第3条　职责划分

（1）产品研发部，负责新产品试制过程中所有技术资料、图纸的准备及对加工人员的指导工作。

（2）生产部，负责组织加工人员按照产品研发部的技术要求，完成新产品试制的加工工作。

（3）采购部，负责根据产品研发部的申请，采购新产品试制所需的各种材料。

第2章　试制知识准备

第4条　新产品试制

新产品试制是在产品按科学程序完成“三段设计”的基础上进行的，是正式投入批量生产之前的工作，试制一般分为样品试制和小批量试制两个阶段。

第5条　样品试制

（1）样品试制是指根据设计图纸要求、工艺文件和少数必要的工具，由试制车间试制出一件（非标准设备）或数十件样品，然后按要求进行试验，借以考察产品结构、性能和设计图纸的工艺性，考核图纸和设计文件的质量。

（2）样品试制全部在研究所内进行。

第6条　小批量试制

小批量试制是在样品试制的基础上进行的，它的主要目的是考核产品工艺性，验证全部工艺文件和工艺装备，并进一步校正和审验设计图纸。此阶段由工艺室负责提供技术文件和工具设计，试制工作转移到生产车间进行。

第3章　新产品试制工作程序

第7条　新产品简单工艺设计

根据新产品任务书，安排利用厂房、面积、设备、测试条件等开展简单工艺设计。

（续）

第8条 进行工艺分析

根据产品方案设计和技术设计，开展材料改制、元件改装、复杂自制件加工等工艺分析。

第9条 产品生产图的工艺性审查

产品生产图的工艺性审查的范围如下。

（1）产品的技术设计全套图样与有关技术文件。

（2）产品的工作图设计全套图样与有关技术文件。

第10条 编制试用工艺卡片

需编制的试用工艺卡片有以下四类。

（1）工艺过程卡片（路线卡）。

（2）关键工序卡片（工序卡）。

（3）装配工艺过程卡（装配卡）。

（4）特殊工艺、专业工艺守则。

第11条 工装设计与使用

根据产品试验的需要，设计出必不可少的工装。本着节约资金、保证质量的原则，企业应充分利用现有工装、通用工装、组合工装、简易工装、过渡工装（如低熔点合金模具）等。

第12条 制定定额

制定试制用材料消耗工艺定额和加工工时定额。

第13条 试制质量管理

在零部件制造、总装配中应按质量保证计划，加强质量管理和信息反馈，并做好试制记录，编制新产品质量保证要求。

第14条 撰写试制总结

重点总结图样和设计文件验证情况，以及在装配和调试中反映出的有关产品结构、工艺及产品性能方面的问题及其解决过程，并附上各种反映技术内容的原始记录。样品试制总结由设计部门负责撰写，用于样品鉴定；小批量试制总结由工艺部门编写，用于批量试制鉴定。

第15条 编写型式试验报告

型式试验报告是指产品经全面性能试验后所编的文件，由检验室负责按试制鉴定大纲编制。

第16条 编写试用（运行）报告

它是产品在实际工作条件下进行试用试验后所撰写的文件。试用（运行）试验项目和方法受到技术条件限制，通常委托客户进行试验，其试验程序、步骤和记录表格按鉴定大纲规定，由研究所负责具体撰写。

第17条 编制定点定型报告

特种材料及外购、外协件定点定型报告，由产品开发部门负责。

（续）

第4章　附则					
第18条　产品研发部负责本制度的制定、修改、废止等工作。 第19条　本制度由总经理审核，审核通过后颁布实施。					
编制日期		审核日期		批准日期	
修改标记		修改处数		修改日期	

6.1.2　新产品试制管理表单

1. 产品试制通知单

编号：　　　　　　　　　　　　　　　　　　　　　填写日期：____年__月__日

产品型号		产品名称	
试制数量		试制起止日期	
试制订单号码			
试制内容及对各部门的要求			
发往部门			

2. 新产品试制状况

产品名称			制造编号				
试制开始日期			试制数量				
试制状况／部门	材料规范及质量			工作状况及质量			
	良好	其他情形	盖章及日期	良好	其他情形	日期	采取措施
产品管理部							
生产管理部							
质量管理部							

3. 新产品试制总结报告

产品名称		试制数量	
型号规格		试制起止日期	
试制过程简介（由样品到小批量试制转化的主要困难及克服办法、主要质量控制点、工艺合理性评价、设备加工能力评价、人员能力是否满足要求等）			
产品检验、试验结果简介及其结论（附各阶段的检测报告记录）			
试制结论及建议			
产品研发部经理审核意见			
主管副总批示			

6.2 新产品移交投产管理制度与表单

6.2.1 新产品移交投产管理办法

以下是某公司的新产品移交投产管理办法，供读者参考。

制度名称	新产品移交投产管理办法			受控状态	
				编　号	
执行部门		监督部门		编修部门	

第 1 章　总则

第 1 条　目的。为规范新产品移交投产程序，更好地完成新产品投产工作，特制定本办法。

第 2 条　适用范围。本办法适用于公司所有新产品移交投产工作。

第 2 章　新产品试制与检测

第 3 条　新产品的研发必须具有批准的设计任务书（或建议书），由技术研发部进行技术设计和工作图纸设计，经审核、批准、会签后进行样试。样试图标记为“S”，批试图标记为“A”，批生产图标记为“B”。A 和 B 的标记必须由主管副总组织相关人员讨论后确定。

（续）

第 4 条　每一项新产品均需结构可靠、技术先进、具有良好的工艺性。

第 5 条　新产品的主要参数、型式、尺寸、基本结构应采用国家标准或国际同类产品的先进标准，在充分满足使用需要的基础上，做到标准化、系列化和通用化。

第 6 条　每一项新产品都必须经过样品试制和小批量试制后方可成批生产。

第 7 条　样试和批试的产品必须经过严格的检测，具有完整的试制和检测报告。部分新产品还必须具有运行报告。

第 8 条　样试、批试均由主管副总主持召集有关部门人员进行鉴定，确定投产与否，并开展下一步的工作安排。

第 9 条　个别工艺上变化很小的新产品，经工艺部门同意，可以不进行批试，在样品试制后，直接办理成批投产的手续。

第 3 章　新产品移交投产

第 10 条　新产品移交投产由技术研发部与生产部共同完成。

第 11 条　技术研发部经理主持召开由设计、试制、计划、生产、技术、工艺、品管、检查、标准化、技术档案、生产车间等各相关部门人员参加的鉴定会，听取多方意见，对新产品从技术上和经济上做出评价，确认设计、工艺规程、工艺装备没有问题后，提出关于是否可以正式移交生产线及移交时间的意见。

第 12 条　批准移交生产的新产品，必须有产品技术标准、工艺规程、产品装配图、零件图、工装图以及其他有关的技术资料。

第 13 条　批准移交生产的新产品必须填写“新产品移交生产鉴定验收表”，并经各方签字。

第 14 条　生产部根据已批准的“新产品移交生产鉴定验收表”及其他要求，安排各车间进行新产品的批量生产。

第 4 章　技术资料验收

第 15 条　制图要符合国家标准和公司标准。

第 16 条　成套图册编号要有序，平面图与实物相符，工装图、产品图等编号应与已有的编号有连贯性。

第 17 条　产品图必须经总工程师审核，总经理批准。工艺工装图纸资料由工艺部门编制和设计，全部底图应移交技术档案部门签收归档。

第 18 条　验收前三天，应将图纸、资料送验收部门审阅。

第 19 条　技术资料的验收汇总管理由技术研发部负责。

第 5 章　附则

第 20 条　本办法由技术研发部制定，其解释权归技术研发部所有

第 21 条　本办法自发布之日起执行

编制日期		审核日期		批准日期	
修改标记		修改处数		修改日期	

6.2.2 新产品移交投产管理表单

1. 新产品移交生产鉴定验收表

产品型号：　　　　　　　　　　　　　　　　编号：

序号	验收项目	移交部门	发放部门	接受部门	确认人	确认时间

产品研发部：　　　　　　　　　　　　　　　　生产部：

2. 新产品投产计划表

产品名称	产品编号	鉴定验收编号	规格和结构	月产量	生产车间	验收部门	主要用途

3. 新产品定型生产交接表

编号：　　　　　　　　　　　　　　　　　　　　　　　　交接日期：____年__月__日

<table>
<tr><td colspan="4">产品名称</td></tr>
<tr><td>产品全称</td><td></td><td>产品简称</td><td></td></tr>
<tr><td>产品型号</td><td></td><td>产品编码</td><td></td></tr>
<tr><td>产品类别</td><td colspan="3"></td></tr>
<tr><td colspan="4">标识规定</td></tr>
<tr><td>成品的标识</td><td colspan="3"></td></tr>
<tr><td rowspan="3">质量跟踪标识</td><td>主要部件质量跟踪标识</td><td colspan="2"></td></tr>
<tr><td>合格证标识</td><td colspan="2"></td></tr>
<tr><td>外包装标识</td><td colspan="2"></td></tr>
<tr><td colspan="4">生产用工艺及技术文件</td></tr>
<tr><td colspan="4">详细产品生产用零部件清单（含参数说明）</td></tr>
<tr><td>文件附件</td><td></td><td>必要的样机、样品</td><td></td></tr>
<tr><td>提供人及日期</td><td></td><td>接受人及日期</td><td></td></tr>
<tr><td rowspan="4">技术文件</td><td>提交的文件目录</td><td colspan="2"></td></tr>
<tr><td>提供人及日期</td><td colspan="2"></td></tr>
<tr><td>审批人及日期</td><td colspan="2"></td></tr>
<tr><td>接受人及日期</td><td colspan="2"></td></tr>
<tr><td>批准意见</td><td colspan="3">签名：
日期：____年__月__日</td></tr>
</table>

第7章 产品技术改进管理制度与表单

7.1 技术改进升级管理制度与表单

7.1.1 技术改进作业管理制度

以下是某公司的技术改进作业管理制度，供读者参考。

<table>
<tr><td rowspan="2">制度名称</td><td rowspan="2" colspan="3">技术改进作业管理制度</td><td>受控状态</td><td></td></tr>
<tr><td>编　　号</td><td></td></tr>
<tr><td>执行部门</td><td></td><td>监督部门</td><td></td><td>编修部门</td><td></td></tr>
</table>

第1章　总则

第1条　目的

为规范公司产品的技术改进工作，加强和推动技术革新，提升产品竞争力及公司竞争力，为公司创造更多利益，特制定本制度。

第2条　适用范围

本制度适用于公司所有产品。

第2章　管理机构及职责

第3条　技术管理机构设置

（1）公司设置技术管理委员会，其中主任一职由总工程师担任，副主任一职由公司副经理担任。

（2）技术管理委员会的成员来源于技术研发部、财务部、人力资源部、销售部、采购部、生产部、安全管理部等部门。

（3）技术管理委员会下设技术管理委员会办公室，办公室设在技术研发部，办公室主任由技术研发部经理兼任。

（4）车间设技术管理小组，由车间主任任组长，明确专职技术改进负责人，成员包括专职技术员、部分班组长和技术工人。

第4条　职责划分

技术管理机构的具体职责如下表所示。

技术管理机构职责表

管理机构	具体职责
技术管理委员会	（1）确定重大技术改进问题的审批处理方案 （2）负责对技术改进项目的论证、评审、立项及考核、奖励、审定等工作

（续）

（续表）

管理机构	具体职责
技术管理委员会办公室	（1）参加各车间一般技术改进问题的专题会议，听取车间技术改进方案，协助车间实施具体方案，进行技术改进备案 （2）组织召开重大技术改进的专题会议，审核改进方案、监督改进方案的实施 （3）负责各部门技术改进项目的备案、上报、审批、实施
车间技术管理小组	（1）负责小型的技术改进项目的全过程实施 （2）负责本公司一般技术问题的资料收集、判断、处理、存档 （3）负责本公司重大技术问题的资料收集、上报、具体实施、建档 （4）负责本公司技术改进项目的征集筛选、项目确定、方案申报以及成果考核的逐级上报等

第3章 技术改进作业管理规定

第5条 技术改进总体计划安排

（1）本公司的技术改进总体计划安排为全年计划。

（2）公司所属的技术改进项目每年9月底前进行申报和整理，11月初由技术管理委员会办公室组织召开技术改进项目审查会。

（3）技术管理委员会办公室根据财务部对年度技术改进资金的安排情况，对技术改进项目进行筛选，对严重影响工艺、生产、消耗、环保的优先立项进行技术改进。

第6条 技术改进项目类别划分

（1）技术改进费用在1万元以下的，为小型技术改进项目。

（2）技术改进费用在5万元以下的，为一般技术改进项目

（3）技术改进费用在5万元以上的，为重大技术改进项目。

第7条 技术改进项目的申报

（1）申报部门及人员应按规定填写本公司技术改进项目申请表并逐级审批。

（2）技术改进项目包括新建项目、年度计划征集的项目、员工临时建议项目等。

（3）申报技术改进项目的内容如下所示。

①项目名称、项目来源、提出人、提出日期。

②申报理由。

③项目实施条件（包括水、电、气、环保、人员及资源配置状况）。

（续）

④项目方案（方案要包括必要的计算、简图、数据和资料）。

⑤实施费用估算及结算依据，所需设备主要材料及安装费用。

⑥预算效益、经济效益评价。

⑦申报项目经本部门及有关部门领导审核，提出可行意见，经逐级审批盖章，主管领导签字后交技术管理委员会办公室。

⑧审核完毕的技术改进项目，应转采购部、财务部各一份，明确提出材料、设备要求到场时间，明确资金渠道，以便组织货源，材料计划应单独申报，并注明“技术改进”字样。

⑨计划的批复和组织实施时间应留有余地，以便合理安排材料到场。

第 8 条　技术改进项目的审批执行

（1）小型技术改进项目由技术管理委员会办公室审批后执行。

（2）一般技术改进项目由总工程师审批后执行。

（3）重大技术改进项目经总经理办公会议审议通过后执行。

第 9 条　技术改进项目实施负责人的确定

（1）小型和一般技术改进项目由车间组成项目组，车间主任担任项目负责人。

（2）大型技术改进项目经技术委员会研究后成立项目组并确定项目负责人。

（3）新建和重大的改扩建项目，经公司总经理办公会研究后成立项目组并确定项目负责人。

第 10 条　具体技术问题的处理程序

一般技术问题由车间召开专题会议，生产部、设备部、技术研发部、安全管理部等相关部门参加，制定处理方案并由车间编制上报审批。其中工艺问题由生产部审批，设备问题由设备部审批，其他问题由相关部门审批后报技术管理委员会办公室备案后执行。

重大技术问题由技术管理委员会办公室组织召开专题会议，公司技术管理委员会全体成员参加，制定处理方案，生产部或设备部等相关部门编制方案，技术管理委员会办公室审核，公司技术管理委员会主任审批后报请总经理办公会议审议通过后执行。

第 4 章　附则

第 11 条　本制度由技术研发部负责制定、解释及修订

第 12 条　本制度由总经理办公会审批，审批通过后开始执行

编制日期		审核日期		批准日期	
修改标记		修改处数		修改日期	

7.1.2 技术改进作业管理表单

1. 技术改进可行性报告

产品名称		产品编号	
记录编号		记录人员	
技术改进信息来源			
技术改进特点			
可行性分析			
评审结论			
参评人员			
总经理批示			

2. 技术改进管理表

编号：

日期	部门	技术问题产生	执行部门	实施内容	执行人	完成时间	备注

3. 技术改进进度表

项目	改进方案	进度情况	结论

7.1.3 产品升级换代管理制度

以下是某公司的产品升级换代管理制度，供读者参考。

制度名称	产品升级换代管理制度		受控状态	
			编　　号	
执行部门		监督部门	编修部门	

第 1 章　总则

第 1 条　目的。为了对公司产品的升级换代进行规划管理，加速产品的更新换代，提高公司营运效益，特制定本制度。

第 2 条　适用范围。本制度适用于公司所有产品。

第 3 条　升级换代宗旨。产品升级换代的宗旨是“生产一代，试制一代，研究一代和构思一代”。

第 4 条　职责划分。产品升级换代管理工作的职责划分如下所示。

（1）研发部：负责产品开发，产品升级换代调试验证，并指导产品升级换代生产作业。

（2）市场部：负责协调客户进行产品升级。

（3）生产部：负责根据研发部下发的产品升级换代通知进行升级。

第 2 章　产品升级换代策略

第 5 条　本公司的产品升级换代策略主要有下表所示的十种。

产品升级换代策略表

策略	详细说明
开拓性策略	★ 以强有力的举措推动新产品尽快投产，以高技术、低成本在市场竞争中占据有利地位 ★ 实施开拓性策略费用大，风险大，但成功后却能带来巨额收益
粘贴性策略	★ 即绕开开发环节，对市场上出现的新产品进行仿造并加以改进，生产出质量更好的产品 ★ 为此公司应及时掌握同行的研究动向与最新成果，并拥有特别强的新产品剖析与仿制能力
引进消化策略	★ 即对引进国外的新产品、新设备进行全面剖析，掌握其技术关键，然后从国情、厂情出发，进行再创造，研究出具有自己特点的新产品

（续）

（续表）

策略	详细说明
系列化策略	★ 即在某种优势产品的基础上，进行横向或纵向系列开发，从而生产出不同类型、不同规格、不同档次、不同用途的系列产品
多功能化策略	★ 以一种产品为基础，与其他功能叠加，从而将不同功能的产品有机地结合起来，创造出新的技术产品
缺点法策略	★ 即针对产品的缺点，找出解决的方法，生产出更完善的产品
出奇制胜策略	★ 即满足消费者好奇心，用新颖别致的产品赢得消费者
小发明策略	★ 即广泛听取消费者的意见和建议，采用消费者在使用产品时悟出的小发明
捷足先登策略	★ 即在市场预测准、方案决策快的基础上，集中技术力量，以极高的工作效率，抢在别的厂家之前，研制生产出质优价廉的新产品，快速占领市场
横向联合策略	★ 随着科技的迅猛发展，许多产品集机械、电子、化学、生物工程等科学原理与技术要求于一身，它的有效开发不是本公司能独立进行的；必须进行企业间、行业间、地区间以及科研院校与本公司间的横向合作，充分发挥各自的技术优势和资金优势，从而取得产品升级换代研发的胜利

第6条　本公司研发部应综合考虑公司实际情况及产品升级换代需求，选择合适的产品升级换代策略，以较低的投入获取更大的收益，降低产品升级换代的风险。

第3章　产品升级换代程序

第7条　提出升级换代申请。

1. 客户提出升级换代要求。

市场部在接到客户的升级换代要求时，必须在规定时间内报研发经理备案，研发经理在收到升级换代要求后必须第一时间通知产品研发人员，并要求产品研发人员在三个工作日内弄清楚客户的升级换代具体要求，必要时可直接与客户进行电话沟通，并将沟通记录填入“产品升级换代申请表”中。

公司应该有专人负责微信公众号及社区的运营，与用户进行深层次的交流。这些人员尤其应密切注意用户对产品的使用反馈与建议，让使用者参与到产品的更新换代或研发之中，这样既能够提高用户的参与感、树立品牌文化，又能够有效地避免产品升级过程中发生方向性错误。

2. 内部提出的升级换代申请。

（1）因升级、解决质量问题、更改工艺等需要对产品进行升级换代时，提出部门应填写“产品升级换代申请表”。

（续）

（2）研发经理在接到“产品升级换代申请表”三个工作日内应组织相关部门对升级换代的必要性进行评审。

（3）通过评审后，将“产品升级换代申请表”移交产品研发人员进行升级换代方案的策划。

第 8 条　策划方案及评审。

（1）产品研发人员接到研发经理批准的“升级换代申请表”后，在三个工作日内对需升级换代的产品进行方案策划、选定并拟定“升级换代进度表”，规划好结案时间后报研发经理监督执行，并将“升级换代进度表”贴在产品研发人员综合看板上由全公司监督其工作进度。

（2）不涉及结构升级换代的直接进行升级换代验证。

（3）如需重新开发产品的按“产品开发管理制度”执行。

（4）涉及材料变更又无库存材料的，产品研发人员必须在第一时间填写采购申请并交采购部进行样品采购。采购必须在约定好的时间内将物料采购到位。

第 9 条　升级换代验证。

（1）产品研发人员应组织制作样品。

（2）产品研发人员在自己测试样品合格后将样品转交验证测试人员及品质部，相关部门及人员应按测试试验规定进行测试验证并出具测试报告及验证结论。

3. 产品研发人员应根据测试验证情况对升级换代验证进行确认，并在测试验证报告上做出验证结论。

第 10 条　验证评审。

验证完成后，产品研发人员将验证报告提交生产总监组织评审，生产总监在接到验证报告后的 2 个工作日内召集相关部门对升级换代验证进行评审，并将结果报公司总经理。

第 11 条　升级换代确认。

（1）外部升级换代：新产品通过升级换代评审后，产品研发人员需与市场沟通是否进行送样确认，并由产品研发人员将填好的“送样申请”及样品移交市场部。

（2）内部升级换代：改动不大的产品通过了升级换代评审后直接生产，改动大的产品，研发人员必须将填好的“送样申请”及样品移交市场部，并跟进客户使用情况。

第 12 条　升级换代通知及升级换代前产品的处理方案。

（1）升级换代产品通过了客户的确认或内部确认后，产品研发人员必须第一时间向相关部门下发“升级换代通知”，对升级换代地方、注意事项、是否更新相关文件等做详细的说明。

（2）市场部需将升级换代前产品进行统计清理，包括在线的、在库的、库存套料、成品、待发的、刚生产的产品、各部门的样品等。清理好数量后在客户样品确认三个工作日内，主动向客户约定处理升级换代前的产品。

第 13 条　升级换代执行。

各部门按照产品研发人员下达的经批准的“升级换代通知”的新要求进行执行。

（续）

<table>
<tr><td colspan="6">第 4 章　附则
第 14 条　本制度由公司研发部负责制定，其解释权及修订权亦归研发部所有。
第 15 条　本制度未尽事宜，可参照公司相关制度规定执行。
第 16 条　本制度由总经理审批，审批通过后立即执行。</td></tr>
<tr><td>编制日期</td><td></td><td>审核日期</td><td></td><td>批准日期</td><td></td></tr>
<tr><td>修改标记</td><td></td><td>修改处数</td><td></td><td>修改日期</td><td></td></tr>
</table>

7.1.4　产品升级换代管理表单

1. 产品升级换代申请书

编号：　　　　　　　　　　　　　　　　　　　　　　申请时间：____年__月__日

<table>
<tr><td>项目名称</td><td></td><td>版本号</td><td></td></tr>
<tr><td>申请部门</td><td></td><td>申请人</td><td></td></tr>
<tr><td>申请原因</td><td colspan="3"></td></tr>
<tr><td>时间及要求</td><td colspan="3"></td></tr>
<tr><td>相关部门意见</td><td colspan="3">签字：
日期：____年__月__日</td></tr>
<tr><td>研发部意见</td><td colspan="3">签字：
日期：____年__月__日</td></tr>
<tr><td>总经理审批意见</td><td colspan="3">签字：
日期：____年__月__日</td></tr>
</table>

2. 产品升级换代进度表

项目名称						项目编号					
阶段	任务项	责任人	开始时间	完成时间	计划工时	完成时间调整	实际完成时间	延期天数	状态	交付物	备注

7.2 技术引进作业管理制度与表单

7.2.1 技术引进作业管理制度

以下是某公司的技术引进作业管理制度，供读者参考。

制度名称	技术引进作业管理制度			受控状态	
				编　　号	
执行部门		监督部门		编修部门	

第1章　总则

第1条　目的。为提高公司的技术水平，加强国际交流，借鉴和学习国内外先进科技经验，结合公司实际情况，特制定本制度。

第2条　适用范围。本制度适用于技术引进作业管理相关工作。

第3条　责任权限。公司技术部负责技术的引进工作，技术引进项目须由公司董事会审批通过。

第4条　术语解释。本制度中的技术引进是指通过贸易或经济技术合作的途径，从境内外的企业、团体或个人获得技术，具体包括以下五种类型。

（1）专利权或其他的工业产权的转让或许可。

（2）以图纸、技术资料、技术规范等形式提出的工艺流程、配方、产品设计、质量控制以及管理等方面的专有技术。

（3）技术服务。

（4）为了实现上述技术所匹配的手段，如提供的生产线、成套设备、测试仪器、专用设备或其他产品等。

（5）利用外国政府贷款、国际金融组织贷款、中外合资经营等，有引进外国技术内容的项目。

（续）

第2章　技术引进项目的前期准备

第5条　技术引进项目的前期准备包括以下四项工作。

（1）技术部根据公司的产品发展规划，确定需要引进的新产品、新技术内容。

（2）技术部相关人员通过深入的调查和研究，充分掌握需要引进的新产品、新技术的国内外发展状况。

（3）技术部确定项目投资规模，财务部负责落实技术引进所需的资金，报公司总经理与公司董事会审批。

（4）技术部按程序向国家有关主管部门提出立项申请。

第6条　技术引进项目的可行性分析与评审。

（1）技术部在与供应方进行技术交流和初步询价的基础上，选择二至三个供应方作为对象进行深入了解，必要时可以组织相关人员出国做有针对性的考察。

（2）技术部应编制技术引进的可行性研究报告，组织公司内外相关的项目专家对可行性研究报告进行评审，出具评审报告并报送技术副总、公司总经理和公司董事会审批。

第7条　公司进行境外技术引进时，还需做好以下工作。

（1）根据国家的有关规定，选择相应的进口代理公司。

（2）技术部编制进口设备、仪表、散件等物资的分交方案，报送国家有关部门批准。

（3）技术部根据已批准的可行性研究报告和项目设计任务书，进行初步设计（包括土建、工艺设计等），并按规定报批。

第3章　技术引进合同的签订与交货

第8条　技术引进合同谈判。

（1）通过充分的技术交流及价格、供给条件等方面的讨论，技术部应筛选出一个对公司最为有利的供应方作为签约的对象。

（2）技术部应与进口代理公司共同拟出合同及其附件的草稿，作为谈判的基础。

（3）每次谈判前，技术部应认真做好预案，指定主谈人员；谈判后应及时研究，并为下一次谈判做好准备。

第9条　技术引进合同签订。

（1）技术引进合同的条款必须符合《中华人民共和国技术合同管理条例》及其《实施细则》中的有关规定。

（2）对于与技术引进相匹配的进口设备、仪表、工具等引进物资，技术部也应在充分了解性能和价格的情况下择优签约。各项合同签字后应按规定程序上报审批。

第10条　技术引进合同的履行。

履行技术引进合同时，需要注意以下三大事项的管理。

（续）

1. 合同管理

公司各引进合同应由引进工作的专职部门统一管理。相关部门及人员按照进度表掌握合同执行情况，并随时处理在执行中遇到的问题。

2. 财务管理工作

财务部需做好以下工作。

（1）按进度筹集资金，严格管理和使用资金。

（2）办理引进项目的预算稽核、付款、结算等日常工作。

（3）负责引进工程竣工验收时的决算工作。

（4）按公司有关规定进行进口物资的账务管理。

（5）监督引进项目并提出财务方面的参考意见。

3. 合同交货

引进工作专职部门负责按合同规定的交货期组织进货，具体进货过程如下。

（1）按规定申报商检，根据有关规定办理减免税手续。

（2）商检通过后，办理货物到港后的海关、运输手续，及时组织运货。

（3）会同公司内部有关职能部门和使用单位，共同进行开箱验收，并填写“开箱验收单”。

（4）对缺损货物必须在索赔期内办理索赔。

（5）对货物的品质，质量部必须按照合同和相关技术文件的规定进行品质检验。对本公司无法检验的物品，应会同相应的管理部门联系检验单位进行检验，检验结果须形成书面报告。

（6）货物如在质量保证期内发生质量问题，应及时与供应方联系、解决。

（7）进口设备、仪表由公司主管部门和使用部门按上级和公司内部有关规定进行管理。

第 4 章　技术培训与指导

第 11 条　出国技术培训。

（1）公司按合同的约定组织相关人员到国外进行技术培训。相关人员出国培训前应在国内进行必要的预培训，预培训内容包括外语学习、资料预习、必要的操作技能训练等。

（2）受训人员出国培训期间应严格按照规定的日程和内容进行，对所学内容作详细记录，回国后要认真作书面总结，并对相关人员在试生产前进行岗位培训。

第 12 条　专家技术指导。

（1）供应方派专家来公司进行技术指导前，技术部应安排好工作计划，对接受技术指导的人员要有明确的分工，事先熟悉加工图纸，做好准备，对其中难以掌握的技术标准要做到心中有数。

（2）接受指导的人员应积极掌握供应方的技术标准，以求达到能独立生产出与供方质量相同的产品。

（3）对提高产品质量有明显效果的工艺技术标准，应由工艺部门逐步推广到各个生产环节，全面提高公司的工艺技术水平和新老产品的质量。

（续）

第5章 试生产与验收

第13条 引进产品的试生产和验收。

（1）引进产品的试生产应纳入公司的计划管理，试生产产品应达到供应方原设计的质量、产量和性能要求，试生产中出现的问题应按合同规定分清责任，并逐一解决。

（2）通过试生产对供应方提供的软件和硬件进行正式、全面的考核，合同验收由技术部指派工作小组承办。

第14条 工程竣工验收。

技术引进工程竣工后应按规定申报验收，验收的依据是可行性研究报告和有关的设计文件。在验收时应对整个工程的各项技术、经济指标作出定量的结论。

第6章 技术消化与资料管理

第15条 引进技术的消化吸收。

技术部组织专人按照国家规定，编制引进技术消化吸收及国产化计划，报上级批准后执行。引进技术的消化吸收工作主要包括以下三个方面的内容。

（1）对引进的产品设计、制造技术、管理方法等，在掌握其系统设计理论与方法、制造技术、原料配方、工艺流程、技术标准、检测方法以及优质、低耗、高产、安全生产控制方法等技术诀窍的基础上，提高公司的基础管理水平，生产出质量、性能、成本符合预期要求的设备或产品。

（2）对进口的关键设备、产品和元器件、基础件、原材料样品进行分析。

（3）对引进的技术或进口的设备，在学习掌握的基础上，提高公司科技攻关与技术开发的起点，结合国情开发出具有自身特色、达到国际先进水平的新产品、新设备、新工艺和新材料。

第16条 技术资料管理。

（1）供应方按合同提供的与引进技术有关的图纸资料，是技术引进的主要内容之一，是产品制造和消化吸收的原始依据，同时也是公司的重要技术资料。

（2）为保证引进技术不流失，保持公司的相对优势，技术部必须指派专人对技术资料进行管理。

第7章 附则

第17条 本制度由技术部制定，其解释权归技术部所有。

第18条 本制度自颁布之日起执行。

编制日期		审核日期		批准日期	
修改标记		修改处数		修改日期	

7.2.2 技术引进作业管理表单

1. 技术引进合同申请表

<table>
<tr><td>合同号</td><td colspan="4"></td></tr>
<tr><td rowspan="5">项目情况</td><td>项目批准文号</td><td colspan="3"></td></tr>
<tr><td>批准部门</td><td></td><td>批准日期</td><td></td></tr>
<tr><td>行业</td><td colspan="3"></td></tr>
<tr><td>项目名称</td><td colspan="3"></td></tr>
<tr><td>总投资（万元）</td><td></td><td>总用汇（万美元）</td><td></td></tr>
<tr><td rowspan="4">合同情况</td><td>合同类别</td><td></td><td>保密期</td><td>____年</td></tr>
<tr><td>限制性条款</td><td></td><td>其他</td><td></td></tr>
<tr><td>税务条款</td><td colspan="3">（是否含有包税条款）</td></tr>
<tr><td>侵权责任</td><td></td><td>其他说明</td><td></td></tr>
</table>

<table>
<tr><td>联系人</td><td></td><td>电话</td><td></td><td>传真</td><td></td></tr>
<tr><td>电子邮箱</td><td colspan="5"></td></tr>
<tr><td>单位名称</td><td colspan="5"></td></tr>
<tr><td>地　　址</td><td colspan="5"></td></tr>
</table>

2. 技术引进合同数据表

<table>
<tr><td colspan="2">合同号</td><td colspan="5"></td></tr>
<tr><td rowspan="2">合同名称</td><td>中文</td><td colspan="5"></td></tr>
<tr><td>英文</td><td colspan="5"></td></tr>
<tr><td rowspan="3">受方公司</td><td>代码</td><td colspan="5"></td></tr>
<tr><td>中文</td><td colspan="5"></td></tr>
<tr><td>英文</td><td colspan="5"></td></tr>
<tr><td rowspan="3">供方公司</td><td>国别</td><td colspan="5"></td></tr>
<tr><td>中文</td><td colspan="5"></td></tr>
<tr><td>英文</td><td colspan="5"></td></tr>
<tr><td rowspan="2">技术使用方</td><td>中文</td><td colspan="5"></td></tr>
<tr><td>英文</td><td colspan="5"></td></tr>
<tr><td colspan="2">签字日期</td><td colspan="3"></td><td>合同有效期</td><td></td></tr>
<tr><td rowspan="7">支付方式</td><td rowspan="2">一次总付</td><td colspan="2">原币价格（万）</td><td></td><td>币种</td><td></td></tr>
<tr><td colspan="2">兑换率（一美元折合人民币）</td><td></td><td>美元价格（万美元）</td><td></td></tr>
<tr><td rowspan="4">入门费加成</td><td colspan="2">入门费</td><td colspan="3">____万美元</td></tr>
<tr><td rowspan="3">提成</td><td>提成年限</td><td>____年</td><td>提成率</td><td>____%</td></tr>
<tr><td>提成基准</td><td colspan="3"></td></tr>
<tr><td>估计提成费总计</td><td colspan="3">____万美元</td></tr>
<tr><td>其他支付方式</td><td colspan="5"></td></tr>
<tr><td colspan="2" rowspan="2">合同总价</td><td colspan="2" rowspan="2">____万美元</td><td>技术费</td><td colspan="2">____万美元</td></tr>
<tr><td>设备费</td><td colspan="2">____万美元</td></tr>
</table>

第8章 产品研发评估管理制度与表单

8.1 开发项目评审制度与表单

8.1.1 开发项目评审办法

以下是某公司的开发项目评审办法，供读者参考。

<table>
<tr><td rowspan="2">制度名称</td><td colspan="3" rowspan="2">开发项目评审办法</td><td>受控状态</td><td></td></tr>
<tr><td>编　　号</td><td></td></tr>
<tr><td>执行部门</td><td></td><td>监督部门</td><td></td><td>编修部门</td><td></td></tr>
<tr><td colspan="6">第1条　目的。为规范新产品评审流程，特制定本办法。
第2条　适用范围。凡公司新产品（含技改型、移转型、开发型）的评审均适用本办法。
第3条　职责划分。
（1）公司研发部负责组织实施新产品评审工作，确保新产品评审工作客观、公正、合理。
（2）各部门配合研发部做好新产品的评审工作。
第4条　评审时机。新产品经小批试制，并经鉴定合格后，应进行新产品评审。
第5条　评审形式。
1. 技术资料评审
（1）技术图纸、部件明细表及其他设计资料由设计者绘图、制作，交研发部项目负责人或主管审核后，经总工程师（或技术副总）核准，审核人及核准人负有评审职责。
（2）技术设计资料经核准后，由研发部依“技术资料管理办法”发布，技术部负责对资料进行查验。
2. 模具评审
（1）研发部负责对模具尺寸、结构设计图纸予以验收评审。
（2）技术部负责对模具结构、材质、表面处理、热处理等方面予以验收评审。
（3）生产部负责对模具使用状况、制品加工难易程度等方面予以验收评审。
（4）品管部负责对制品的尺寸、结构、外观、性能等方面予以验收评审。
（5）各部门评审结果填入“模具验收单”，各部门均评审合格，模具方可入库、付款。
3. 工艺评审
（1）由技术副总经理（或总工程师）主持召开小批试制检讨会，各部门在会前针对小批试制中出现的问题提出书面意见。
（2）试制检讨会上通过讨论对试制中的问题形成解决方案，指定责任人员进行整改（含设计、结构、资料、工艺流程、物料问题等）。</td></tr>
</table>

（续）

（3）责任人依据整改意见完成整改后，视需要进行样品试制或小批试制。

4. 品质评审

（1）品管部负责对新产品进行型式试验、寿命试验和其他相关试验，以确认产品性能是否符合标准要求。

（2）必要时，应送样品至客户，由客户检验评审。

（3）品管部根据样品试制、小批试制的鉴定结论，确认新产品是否可以导入量产。

5. 总评审

（1）负责技术的副总经理（或总工程师）负责新产品最后的总评审，以确认是否可导入量产。

（2）必要时，负责技术的副总经理（或总工程师）可以召集相关部门人员进行会议评审。

第6条　研发部负责本办法的制定、修改及废止工作。

第7条　总经理负责本办法的制定、修改、废止核准工作。

第8条　本办法自总经理审批通过之日起生效。

编制日期		审核日期		批准日期	
修改标记		修改处数		修改日期	

8.2.2 开发项目评审表单

1. 产品开发项目评审表

<table>
<tr><td>项目名称</td><td colspan="6"></td></tr>
<tr><td>项目类型</td><td>预研性开发类</td><td>A 类</td><td>B 类</td><td>适应性开发类</td><td>A 类</td><td>B 类</td></tr>
<tr><td>项目目标</td><td colspan="6"></td></tr>
<tr><td>立项时间</td><td colspan="3"></td><td>项目要求完成时间</td><td colspan="2"></td></tr>
<tr><td>项目经理</td><td colspan="6"></td></tr>
<tr><td>项目成员</td><td colspan="6"></td></tr>
<tr><td>项目评审奖金</td><td colspan="6"></td></tr>
<tr><td colspan="7">项目具体计划（由项目经理负责组织填写）</td></tr>
<tr><td>序号</td><td>计划内容</td><td colspan="2">计划完成时间</td><td colspan="2">输出技术文件</td><td>本项工作负责人</td></tr>
<tr><td>1</td><td>产品图纸设计及评审</td><td colspan="2"></td><td colspan="2"></td><td></td></tr>
<tr><td>2</td><td>样件试制并定型</td><td colspan="2"></td><td colspan="2"></td><td></td></tr>
<tr><td>3</td><td>工艺工装设计及评审</td><td colspan="2"></td><td colspan="2"></td><td></td></tr>
<tr><td>4</td><td>合格工装到货</td><td colspan="2"></td><td colspan="2"></td><td></td></tr>
<tr><td>5</td><td>合格外协件到货</td><td colspan="2"></td><td colspan="2"></td><td></td></tr>
<tr><td>6</td><td>生产准备调试</td><td colspan="2"></td><td colspan="2"></td><td></td></tr>
<tr><td colspan="2">产品开发主管意见</td><td colspan="5">签字：
日期：____年__月__日</td></tr>
<tr><td colspan="2">生产部经理意见</td><td colspan="5">签字：
日期：____年__月__日</td></tr>
<tr><td colspan="2">质量管理部经理意见</td><td colspan="5">签字：
日期：____年__月__日</td></tr>
<tr><td colspan="2">主管副总意见</td><td colspan="5">签字：
日期：____年__月__日</td></tr>
<tr><td colspan="2">公司总经理意见</td><td colspan="5">签字：
日期：____年__月__日</td></tr>
</table>

2. 研发评审报告书

填表人：　　　　　　　　　　　　　　　　　　　　　　日期：____年__月__日

<table>
<tr><td>评审编号</td><td></td><td>产品型号及名称</td><td></td></tr>
<tr><td>评审类型</td><td colspan="3">□ 研发方案评审 □ 实验室研发评审 □ 中试评审 □ 试生产评审 □ 工艺方案评审</td></tr>
<tr><td>评审时间</td><td colspan="3"></td></tr>
<tr><td>过程进展情况</td><td colspan="3"></td></tr>
<tr><td>研发输出满足任务的情况</td><td colspan="3"></td></tr>
<tr><td>问题及不足</td><td colspan="3"></td></tr>
<tr><td>评审结论</td><td colspan="3"></td></tr>
<tr><td>评审人签名</td><td colspan="3">日期：____年__月__日</td></tr>
<tr><td>评审结论中改进措施的验证情况</td><td colspan="3">验证人：
日期：____年__月__日</td></tr>
</table>

8.2 工序能力调查制度与表单

8.2.1 工序能力调查制度

以下是某公司的工序能力调查制度，供读者参考。

制度名称	工序能力调查制度			受控状态	
				编　　号	
执行部门		监督部门		编修部门	

第1章　总则

第1条　目的

为规范工序能力的调查工作，确保调查结果的科学性，为改善生产过程各道工序的能力、制定产品检验方法、编制产品说明书等提供有效的依据和信息，特制定本制度。

第2条　适用范围

本制度适用于工序能力调查工作。

第3条　工序能力调查

工序能力的调查首先要从收集数据开始，并将频数分布表、直方图、工序能力图以及控制图等作为依据来判断工序是否处于稳定状态。

第2章　工序能力调查程序

第4条　确定调查目标

工序能力调查人员在开展调查前，必须与相关人员研讨调查目的，确认职责的分配方法，明确结果将起到何种作用。

第5条　选择调查的工序

（1）明确要调查哪个工序。

（2）工序较多的时候，建立日程计划。

第6条　确定调查项目

1. 产品的检测项目

产品的检测项目主要包括以下六种。

（1）图纸指示了特性规格的项目。

（2）标准文件里有指示的项目。

（3）可以预测到会对后工序有影响的项目。

（4）为了了解设备能力的项目。

（续）

（5）预计会影响产品性能的项目。

（6）预计会影响加工后质量的产品的加工前特性值。

2. 加工条件的设定

（1）加工各种变动会对产品质量产生影响时需要测量。

（2）产品的特性值不能充分反映工序能力时必须测定。

第7条　决定测定方法

1. 选定测定器具

无法预测产品的偏差时，选择刻度达到特性公差1/5～1/10的仪器。

2. 决定测量方法

考虑测量误差，确定能够玥确反映产品性能、功能和设备能力的测量位置、测量部位、测量基准等。

第8条　调查开始前的工序状态

1. 调查工序的经历和标准化的状态

（1）设备：基座、名称、型号等。

（2）加工方法：加工标准、加工部位、加工顺序等。

（3）加工条件：转数、送进速度、电压、电流等。

（4）加工时间：加工时间、循环时间等。

（5）工具：材质、刀具等。

2. 调查确定要点

（1）机械的故障记录。

（2）加工条件是否符合标准。

（3）是否遵守了作业标准。

（4）是否使用过度磨损的刀具。

第9条　决定调查方法

（1）特性要因图的制作。对可疑影响工序能力的要因制作特性要因图。

（2）确定调查期间。如果有调查期间的限制，要明确包含哪个要因，不包含哪个要因。

（3）明确调查手法。调查手法主要有直方图、工序能力图、直方图等。

（4）确定样本容量。本公司用于计算工序能力的样本数量原则上要求达到100个以上。

第10条　实施调查

1. 抽取样品

（1）直方图：从加工的产品中随机抽取样品。

（2）工序能力图：以加工顺序连续或以一定间隔抽样。

（3）控制图：从分组的产品中抽样，确保不偏差。

（续）

2. 充分观察并记录要因的变化

调查时，充分观察工序的状态，注意不能忽略的要因的变化。主要需观察记录的要因变化如下所示。

（1）设备的停止。

（2）刀具的更换、调整。

（3）异常发生的时候。

（4）材料的更换。

（5）模具编号是否配对。

3. 测定

（1）定时确认测量仪器的0点。

（2）测量规定的位置。

（3）测量数据要记录到规定的模板。

第3章　工序能力计算与判定

第11条　工序能力计算

（1）工序能力指数是衡量工序能力对产品质量标准满足程度的数量值。

（2）质量标准是指工序加工产品必须达到的质量要求，通常用标准、公差（容差）、允许范围等来衡量，一般用符号 T 表示。

（3）质量标准（T）与工序能力（B）的比值，称之为工序能力指数，记为 C_p。

$$C_p = \frac{T}{B} = \frac{T}{6\sigma} = \frac{T}{6s}$$

T = 规格上限 UCL – 规格下线 LCL；

σ——总体标准差；

s——样本标准差。

第12条　工序能力的判定与应对措施

工序能力指数的判定标准和应对措施如下表所示。

工序能力指数的判定标准及应对措施

C_p 值范围	对工序能力的判断	措施
$C_p \geqslant 1.67$	（1）工序能力过高 （2）加工精度高，对设备和操作人员的要求高 （3）加工成本较大	（1）合理降低工序能力 （2）放宽验收或放宽管理 （3）更改工序设计 （4）合并或减少工序

（续）

（续表）

C_p 值范围	对工序能力的判断	措施
$1.33 \leqslant C_p < 1.67$	（1）适宜精密加工 （2）一般加工情况下工序能力比较充裕，有一定储备	（1）允许小的外来波动 （2）非关键工序可放宽检验 （3）工序控制的抽样间隔可适当放宽
$1.0 \leqslant C_p < 1.33$	（1）工序能力适宜 （2）接近1.0时应注意	（1）对工序进行严格控制，使生产过程处于稳定、正常状态，保证不降低工序的质量水平 （2）一旦发现工序有异常状态出现，立即采取相应措施，调整工艺过程 （3）确保进行严格检查
$0.67 \leqslant C_p < 1.0$	（1）工序能力不足 （2）不合格品率较高	（1）通过提高设备精度，改进工艺方法，提高操作技术水平，改善原材料质量等措施提高工序能力 （2）加强检验，必要时实行全检
$C_p < 0.67$	（1）工序能力严重不足 （2）产品质量水平很低 （3）不合格品率高	（1）立即分析原因，采取措施提高工序能力 （2）为保证产品的出厂质量，应通过全数检查 （3）更改工序设计

第4章 附则

第13条 本制度由工艺部负责制定、解释，由总经理审批，修改时亦同

第14条 本制度自审批通过之日起执行

编制日期		审核日期		批准日期	
修改标记		修改处数		修改日期	

8.2.2 工序能力调查表单

1. 工序能力数据分析表

<table>
<tr><td colspan="2">公司</td><td colspan="4"></td><td colspan="2">零件号</td><td colspan="2"></td></tr>
<tr><td colspan="2">车间</td><td colspan="4"></td><td colspan="2">零件名称</td><td colspan="2"></td></tr>
<tr><td colspan="2">工序</td><td colspan="4"></td><td colspan="2">特性</td><td colspan="2"></td></tr>
<tr><td colspan="2">机器型号</td><td colspan="4"></td><td colspan="2">样本容量</td><td colspan="2"></td></tr>
<tr><td colspan="2">工程规范</td><td colspan="4"></td><td colspan="2">日期</td><td colspan="2"></td></tr>
<tr><td colspan="2">特性参数</td><td colspan="4"></td><td colspan="2">计算日期</td><td colspan="2"></td></tr>
<tr><td colspan="2">日期</td><td></td><td></td><td></td><td></td><td></td><td></td><td></td><td></td></tr>
<tr><td colspan="2">时间</td><td></td><td></td><td></td><td></td><td></td><td></td><td></td><td></td></tr>
<tr><td rowspan="4">读数</td><td>1</td><td></td><td></td><td></td><td></td><td></td><td></td><td></td><td></td></tr>
<tr><td>2</td><td></td><td></td><td></td><td></td><td></td><td></td><td></td><td></td></tr>
<tr><td>3</td><td></td><td></td><td></td><td></td><td></td><td></td><td></td><td></td></tr>
<tr><td>4</td><td></td><td></td><td></td><td></td><td></td><td></td><td></td><td></td></tr>
<tr><td colspan="2">备注</td><td colspan="8">数据采集应分 25 组，每组读数 5 个，共 125 个数据，供分析使用</td></tr>
</table>

2. 工序能力计算表

设计尺寸	——	设计尺寸	——	设计尺寸	——	设计尺寸	——
上公差	——	上公差	——	上公差	——	上公差	——
下公差	——	下公差	——	下公差	——	下公差	——
样本容量	——	样本容量	——	样本容量	——	样本容量	——
Max	——	Max	——	Max	——	Max	——
Min	——	Min	——	Min	——	Min	——
平均值 $\bar{x}$	——	平均值 $\bar{x}$	——	平均值 $\bar{x}$	——	平均值 $\bar{x}$	——
公差中心 M	——	公差中心 M	——	公差中心 M	——	公差中心 M	——
标准偏差 s	——	标准偏差 s	——	标准偏差 s	——	标准偏差 s	——
C_pK	1.25	C_p	0.67	C_pL	0.96	C_pU	2.84
不合格品率%	——	不合格品率%	——	不合格品率%	——	不合格品率%	——
$1.33 \geq C_pk > 1$ 过程能力尚可，必须用控制图或其他方法对过程进行控制和监督，以便及时发现异常波动；对产品按正常规定进行检验		$0.67 > C_p$ 过程能力不足，一般应停止继续加工，找出原因，改进工艺，提高 C_p 值，否则全检，挑出不合格品		$1 \geq C_pL > 0.67$ 过程能力不充分，分析分散程度大的原因加以改进，在不影响产品质量的情况下，放宽公差范围，加强质量检验，进行全检或增加检验频次		$C_pU > 1.67$ 过程能力非常充分，为提高产品质量，对关键或主要项目可缩小公差范围，或为提高效率、降低成本而放宽波动幅度，降低设备精度等级；或将精度要求特别高的零件调至该工序进行加工	

8.3 工艺文件编制制度与表单

8.3.1 工艺文件编制细则

以下是某公司的工艺文件编制细则，供读者参考。

制度名称	工艺文件编制细则			受控状态	
				编　　号	
执行部门		监督部门		编修部门	

第1章　总则

第1条　目的。为规范工艺文件的编制，做到正确、完整、统一，并满足生产需求，使生产过程处于受控状态，特制定本细则。

第2条　适用范围。本细则适用于公司所有工艺文件的编制。

第3条　职责划分。

（1）工艺部负责设计公司开发产品的工艺文件。

（2）工艺部负责编制公司开发产品及变型产品的工艺文件，并负责产品工艺路线的编制与贯彻。

（3）技术研发部负责小型工艺装备的设计和工艺文件的贯彻。

（4）公司各生产班组作为作业培训与指导中心，负责工艺文件的执行。

（5）质检部对工艺文件的执行情况负有监督责任，并负责关键、特殊工序工艺文件的管理与组织编制、审核、批准。

第2章　工艺文件的编制规范

第4条　编制原则。

（1）产品的工艺文件编制必须正确、完整、统一。

（2）工艺方案和工艺分析力求先进、科学、合理。

第5条　编制依据。

（1）产品的工艺文件都必须以设计图纸、产品技术协议、有关技术标准为编制依据。

（2）产品工艺文件编制应充分考虑公司工艺装备、设备能力和制造水平，合理自制和协作，确保产品质量。

第6条　编制要求。

（1）产品工艺文件的编制、书写格式、规范应符合公司有关标准和规定。

（2）采用新工艺、新技术、新材料必须先经工艺试验合格后才能发放正式的工艺文件指导生产。

第3章　工艺文件类型

第7条　工艺文件根据其指导性可分为管理文件和作业指导文件。具体说明如下表所示。

（续）

工艺文件类型表

工艺文件类型	具体说明
管理文件	管理文件指提供给相关工艺技术与现场管理人员及质检部门或其他职能部门，以了解产品的流程、质量特性等为目标的设计文件。如生产部门的生产安排，质检部门的检验作业标准，设备及采购部门的采购依据等
作业指导文件	作业指导文件是指专门用于指导操作者作业的现场作业文件，它让各类作业人员以最安全、最规范、最高效、最舒适的方式完成作业，此类文件主要指各类“作业指导书”

第 8 条　产品结构工艺性审查报告。

产品结构工艺性审查报告是指一种记录产品结构工艺性审查情况的工艺文件。工艺部负责编制产品结构工艺性审查报告。

第 9 条　工艺方案。

（1）根据产品设计要求、生产类型和生产能力，提出工艺技术准备工作的具体任务和措施的指导性文件。

（2）公司基本型产品应编制工艺方案，变型、变动产品一般可以根据产品变动范围和工艺条件决定是否需要重新编制。

第 10 条　产品、零部件工艺路线表。

指产品、零部件在生产过程中所经过部门（科室、专业厂、车间或工种）的工艺流程，供生产部门及各专业人员使用。

第 11 条　各种专业工艺卡及工程设计文件。

主要包括“冲压工艺卡”“焊接工艺卡”“装配工艺卡”“管理工程图”“涂装工艺卡”“作业指导书”“工序质量分析表”“工艺验证单”“工艺参数记录表”“检验指导书”等文件。

第 12 条　各类明细表及清单。

主要包括“产品、零部件二艺路线图”“关键特殊工序明细表”“工艺装备清单”“工时定额”“辅材定额明细表”“材料消耗工艺定额汇总表”等明细表单。

第 4 章　工艺文件编制与审批程序

第 13 条　工艺部负责公司新产品工艺文件的设计、编制、审核和批准。根据需要，由工艺文件涉及部门会签。该类文件主要包括以下五种。

（1）产品结构工艺性审查报告。

（续）

（2）工艺方案或工艺说明书。

（3）各类相关专业工艺卡设计。

（4）工艺文件汇总目录。

（5）全部产品、零部件工艺路线图。

第14条　工艺部负责基本型产品工艺文件的设计、校对、编制、审核和批准，相关使用或作业单位会签；公司技术研发部对工艺文件及工装进行验证。该类文件主要包括以下五种。

（1）工艺方案。

（2）各类相关专业工艺卡设计。

（3）工艺操作规程。

（4）工时定额，主、辅材料定额。

（5）工艺验证和管理。

第15条　质检部负责工艺纪律检查的组织、计划、实施及反馈处理。

（1）关键、特殊工序的设立、管理及变更。

（2）组织关键、特殊工序文件的编制、审核和批准。

（3）关键、特殊工序文件的编制、审核和批准。

第16条　技术研发部负责工艺纪律现场的贯彻。

（1）技术研发部在工艺设计中涉及跨部门的工艺文件，如技术改造立项申请、设备采购清单、新增大型工装清单等文件须经工艺部组织评审，并经分管副总批准后，转相关单位实施。

（2）技术研发部在工艺设计中涉及的各种新增工艺装备技术要求的制定，可由相关单位设计并经组织评审后下达相关部门实施。

第17条　工艺文件的编制单位将按程序完成的工艺文件统一发放管理，并及时提交工艺验证文件。

第18条　关键工序、特殊工序的所有文件由工艺部负责整理归档，并按规定程序发放。

第5章　工艺文件的签署

第19条　相关人员职责。

（1）编制或设计人员对工艺文件的正确性、完整性、可操作性负责。

（2）校对人员对工艺文件的正确性、符合性负责。

（3）会签人员对工艺文件的可行性负监督责任。

（4）审核人员对工艺文件的正确性、经济性、可行性负责。

（5）批准人员对工艺文件的设计是否履行规定程序、满足输出规定的要求负责。

第20条　设计编制：工艺文件的设计、编制由设计人员、编制人员签署。

第21条　校对：工艺文件的校对由主管工艺人员签署。

第22条　会签：由工艺文件涉及部门或相关人员签署。

（续）

第 23 条　审核：技术研发部涉及的文件由技术研发部经理审核（上述人员不在时，可由主管工艺代签）。

第 24 条　批准：工艺文件由技术总监、总经理审核批准。

第 6 章　工艺文件的更改

第 25 条　产品图纸局部发生更改、工艺手段发生改变和生产条件发生变更时，如果涉及工艺文件的局部变更，由原工艺文件编制人员编制“工艺文件变更通知单”，经审批通过后，再进行工艺文件的正式更改。

第 26 条　依据“工艺文件变更通知单”更改工艺文件及工艺图样（包括工程图样）。

第 27 条　更改电子版图：工艺文件编制人员更改电子版图。

第 28 条　更改蓝图：文件使用单位按照“工艺文件变更通知单”的要求直接修改蓝图，并在更改栏中注明更改处数、更改通知单编号、更改日期及更改人。

第 29 条　工艺文件更改时，一般应采用划改的方式，即用细实线划掉需要更改的尺寸、文字、图形等，然后填注新的尺寸、文字、符号、图形等，并在更改部位旁注明更改标记。

第 30 条　当用划改的方法不能清楚地表达或易产生错误理解时，应采用换发的方法给予更改。换发的文件应有换版标记和发图日期，所有原文件涉及的单位应全部换发。

第 31 条　工艺文件的发放按照“受控文件发放目录”发放。

第 7 章　附则

第 32 条　本细则经总经理批准后颁布，修改时亦同。

第 33 条　本细则自颁布之日起执行。

编制日期		审核日期		批准日期	
修改标记		修改处数		修改日期	

8.3.2 工艺文件编制表单

1. 工艺文件更改通知单

更改单号：　　　　　　　　　　　　　　　　生效日期：____年__月__日

工艺文件类型	□ 工艺　□ 工装　□ 工序　□ 零部件　□ 工艺规程				
工艺文件图号					
产品名称或型号			零部件、整件名称		
更改原因					
处理意见					
更改内容说明					
更改标记		更改前		更改后	
拟制人		审核人		审批人	
日期		日期		日期	

2. 工艺文件修改表

编号：　　　　　　　　　　　　　　　　通知日期：____年__月__日

工艺文件类别	□工艺　□工装　□工序　□工艺规程　□零部件				
工艺文件编号					
所属产品型号					
修改日期			修改人员		
修改原因					
修改内容说明					
审批签字栏					
上级领导审批		生产部		技术部	

8.4 工艺验证作业管理制度与表单

8.4.1 工艺验证作业管理制度

以下是某公司的工艺验证作业管理制度，供读者参考。

<table>
<tr><td rowspan="2">制度名称</td><td rowspan="2" colspan="3">工艺验证作业管理制度</td><td>受控状态</td><td></td></tr>
<tr><td>编　　号</td><td></td></tr>
<tr><td>执行部门</td><td></td><td>监督部门</td><td></td><td>编修部门</td><td></td></tr>
</table>

第1章　总则

第1条　目的。为规范产品工艺验证的步骤和方法等，确保设定工艺在现有设备条件下能够生产出质量稳定、符合质量标准的产品，特制定本制度。

第2条　适用范围。本制度适用于公司所有参与产品工艺验证的工作人员。

第3条　术语界定。工艺验证是指在新产品研制和批量试制阶段，对工艺能否保证达到产品设计任务书的要求，所进行的一系列验证工作。

第4条　管理职责。

（1）工艺部组织成立工艺验证小组全职负责产品工艺验证工作，生产车间和相关部门参与验证工作。

（2）进行一般工艺验证时，工艺员、工夹具设计员、车间施工员、检验员及操作工人共同对有关工序进行跟踪验证。对于重点工艺的验证，除上述人员外、产品主管工艺师也应参加。必要时，工艺部经理和车间主任、生产部经理也需参与验证。

第5条　工艺验证依据。

（1）工艺方案、工艺路线图。

（2）产品设计图样及技术文件。

（3）主要部件明细表、关键工序明细表、关键项目与主要项目技术要求。

（4）产品零件重要度分级表、各专业工艺规程、工艺装备明细表。

（5）国家标准、省级标准、工厂标准以及产品质量等规定。

第2章　工艺验证内容

第6条　样品试制阶段。

1. 验证内容

样品试制阶段，验证内容为产品结构工艺性。

2. 验证要求

（1）样品试制应在试制车间或试制工段上进行，不需要建立生产线，也不应制作大量的工艺

（续）

装备。

（2）力求简化，只对样品生产必需的工艺进行准备，如关键零件的工艺准备，与样品试制质量有重大关系的工艺装备准备。

（3）试制台数不限于一台，可以反复进行样品试制。

第7条 新产品小批量试制阶段。

1. 验证内容

新产品小批量试制阶段，验证内容如下。

（1）检查图形的工艺性，验证全部工艺文件和全部工艺装备。

（2）再一次对设计图纸进行审查修改。

2. 验证要求

（1）小批量试制要在正式生产线上进行，要使用设计所要求的各种工艺装备。

（2）小批量试制要做好生产技术准备工作，并准备好生产所需的全部工艺文件和工艺装备。

第3章 工艺验证方法

第8条 工艺验证主要采用试验法进行验证。

第9条 试验法是指在技术开发、设计和实施过程中，为实现和提高技术功能的效用和技术经济水平，利用仪器、设备、人为控制条件变更对象，从而在有利的条件下考察对象的实践方式和研究方法。

第10条 试验法主要包括对比试验法和析因实验法。

（1）对比试验法是为确定两种或多种研究对象的优劣、异同所安排的一种试验方法，通过进行试验对比，找出各种方案的优缺点和异同点，它适用于对工艺方法和工艺装备效果的验证。

（2）析因实验法是一种由已知结果再去寻找原因的试验方法。在工艺验证中发现工艺流程不稳定时，需要查明原因，以便采取措施修改工艺。

第4章 工艺验证程序

第11条 编制验证计划。

（1）工艺部根据生产部门的生产计划和工艺方案中所确定的工艺验证要求，结合零部件生产进度要求，编制相应的工艺验证计划。

（2）该验证计划经技术总监和生产总监审批后，下发至生产现场和相关部门。

第12条 进行验证准备工作。

（1）组织成立验证小组，并确定验证人员。

（2）技术部门提供产品设计图样、产品技术文件和技术标准。

（3）工艺部提供全套工艺文件。

（4）物控部门根据工艺部编制的“材料工艺定额明细表”，做好原材料、辅助材料的准备，并提供合格的外配套件。

（续）

（5）技术检查部门、计量部门做好工序检查、零件检查和部件装配、总装配精度以及整机性能试验等准备工作。

（6）生产现场主管主持召开技术交流会。设计主管、工艺主管向现场施工组、工段长以及有关操作人员介绍工艺验证的主要内容、验证要求和验证方法。

第13条　进行工艺验证。

工艺部负责指导系列产品及主导产品的工艺验证工作。

（1）工艺验证时，各生产现场技术主管负责全面验证工作。

（2）验证结束后，各生产现场技术主管负责编写验证总结，并上报工艺部。

验证过程中，如发现工序存在错误或遗漏，工艺员应立即修改工艺。操作人员如在加工过程中发现问题，应立即停止操作，并向验证小组反映，待验证小组作出工艺变更决定后，操作人员再按变更后的工艺进行加工和验证。检验员应严格按工艺进行检测。验证小组应依工序逐次临床验证。

第14条　出具工艺验证结论。

（1）工艺验证结论包括“验证合格”“验证基本合格”和“验证不合格”三类。

（2）验证结论不准随意更改和变更。

（3）经验证整理修改后的工艺规程应保持相对稳定。

（4）否定原结论必须由生产车间查明原因，重新组织验证。

第15条　编制工艺验证报告并上报审批。

验证小组负责编制“工艺验证报告”，并提交相关领导审阅。

第5章　附则

第16条　本制度由工艺部负责制定、解释，报总经理批准后颁布，修改时亦同。

第17条　本制度自颁布之日起执行。

编制日期		审核日期		批准日期	
修改标记		修改处数		修改日期	

8.4.2 工艺验证作业管理表单

1. 工艺验证取样记录表

<table>
<tr><td rowspan="2">____产品工艺验证</td><td rowspan="2">规格</td><td rowspan="2"></td><td>验证编号</td><td></td><td>共____页</td></tr>
<tr><td>版本号</td><td></td><td>第____页</td></tr>
<tr><td>样本编号</td><td colspan="5"></td></tr>
<tr><td>批号</td><td>样品编号</td><td>取样量</td><td>取样人</td><td>取样日期</td><td>备注</td></tr>
<tr><td></td><td></td><td></td><td></td><td></td><td></td></tr>
<tr><td></td><td></td><td></td><td></td><td></td><td></td></tr>
<tr><td></td><td></td><td></td><td></td><td></td><td></td></tr>
<tr><td></td><td></td><td></td><td></td><td></td><td></td></tr>
</table>

2. 工艺验证记录表

<table>
<tr><td>产品代号</td><td colspan="2"></td><td>零部件代号</td><td></td><td colspan="2">第____次验证</td></tr>
<tr><td>产品名称</td><td colspan="2"></td><td>零部件名称</td><td></td><td>共____页</td><td>第____页</td></tr>
<tr><td>现场验证记录</td><td colspan="6">（按工序依次验证，填写工艺规程的正确性、符合性，工装的使用性等）</td></tr>
<tr><td>验证结论</td><td colspan="6">（有需要对工艺、工装进行改进的情况时，需填写原因分析、改进措施、实施计划。改进效果需有第二次验证的记录作为支持性文件）</td></tr>
<tr><td rowspan="3">验证人员</td><td>技术部门</td><td colspan="2"></td><td>编制</td><td colspan="2"></td></tr>
<tr><td>生产部门</td><td colspan="2"></td><td>审批</td><td colspan="2"></td></tr>
<tr><td>质检部门</td><td colspan="2"></td><td>日期</td><td colspan="2"></td></tr>
</table>

第9章 产品研发成本管理制度与表单

9.1 研发设计费用管理制度与表单

9.1.1 设计制图费用管控制度

以下是某公司的设计制图费用管控制度，供读者参考。

制度名称	设计制图费用管控制度			受控状态	
				编　　号	
执行部门		监督部门		编修部门	

第1章　总则

第1条　目的

为了最大限度地控制产品研发以及技术开发过程中的设计制图费用，同时确保设计制图的质量，特制定本制度。

第2条　适用范围

本制度适用于设计制图费用的管理控制工作。

第3条　相关释义

（1）本制度所称的“设计制图费”是指公司因产品研发或工艺技术提升而支付的费用，具体可以分为内部设计制图费和委外设计制图费。

（2）本制度所称的“内部设计制图费”，包括设计制图所花的人工费、工具材料费、资料费、专利许可费、软件费和办公费等。

（3）本制度所称的“委外设计制图费”，包括在选择、评估委外设计单位过程中发生的调查、考察等费用，根据设计制图的质量支付给委外设计单位的设计制图费用，以及针对委外项目公司特设项目管理小组所发生的费用等。

第2章　内部设计制图费控制

第4条　责任部门

研发部是控制内部设计制图费的职能部门。

第5条　控制措施

为了实现对内部设计制图费的有效控制，必须做好如下表所示的三项控制措施。

（续）

内部设计制图费控制措施表

控制措施	具体说明
做好资源共享，减少因沟通不充分造成的机会成本	1. 借助公司内部的办公系统或者云平台做好技术资源和信息资料的共享与归档工作，减少技术资源浪费 2. 在有效提高设计人员的设计制图费效率和制图质量的同时，提高信息沟通的效率，降低因沟通不充分而导致的信息不平衡、设计时间延长等现象，增强设计团队的整体设计能力，减少不必要的人工成本，控制设计制图费用的增加
完善对必需的专利许可费和软件费的审批流程	对于研发设计人员在工作过程中需要用到的外部专利许可或高级设计制图软件费用，公司应制定严格、规范的审批流程，以实现对购买专利许可所产生的使用费进行监督和控制，提高资金的利用率，减少不必要的费用支出
制订工作计划，控制设计进度	（1）在研发设计项目开始之前，技术研发部或研发项目小组应制订周密的工作计划，并设立进度成果目标 （2）在研发设计项目进行过程中，应随时通过微信、QQ 等交流软件更新项目的进展情况和进度成果目标实现情况，以确保研发人员都能了解项目进展及自己任务的完成情况，便于调整工作进度、保证任务完成的时间 （3）对工作计划的执行情况运用微信、QQ 等进行及时反馈，便于发现和解决设计制图中的困难，节省人工成本，减少项目占用的时间

第 3 章　委外设计制图费控制

第 6 条　评估委外设计单位

以简单计分、统一流程、审核公平为基础设立“委外设计单位评分表”。评价各个委外设计单位，评估内容需包括技术能力、进度管理能力、品质管理能力、售后服务能力、报价水平等。

第 7 条　选择委外设计单位

根据各个设计单位的评分结果，选择性价比较高的设计单位最终执行设计制图工作，以保证设计制图的质量，降低设计制图成本。

（续）

第8条 设计制图费变更控制

1. 严格设计变更的前提

在外部单位进行设计的过程中，公司需求发生变化、对设计图纸等提出修改意见、设计单位本身的因素等都会导致设计变更。

2. 设计委外设计的管理组织

针对大型委外设计项目，公司应设立专门的项目管理小组，其成员包括技术人员及部门主管、设计的实施和使用人员等，对委外设计的供应商进行评估和选择，监督执行进度，审批变更和费用等。

3. 控制变更的具体措施

项目变更可能对设计制图的进度、成本、质量等要素产生较为显著的影响，因此，项目管理小组应通过以下三项措施对设计活动进行控制。

（1）编制“委外设计制图进度表”，对日程和事项进行合理安排，明确各个阶段要实现的进度目标、质量目标和要控制的成本预算。

（2）编写“设计任务书”，明确委外设计的具体内容，申明要求的进度和质量。

（3）提出变更时，需综合多方面信息，对变更后的成本效益进行研究和论证，确实应当执行变更时可提供“变更建议书”，供决策者参考。

第4章 附则

第9条 本制度由研发部负责制定、修改和解释

第10条 本制度自颁布之日起实施

编制日期		审核日期		批准日期	
修改标记		修改处数		修改日期	

9.1.2　设计制图费用管控表单

1. 内部设计制图管理表

编号：　　　　　　　　　　　　　　　　　　　　　　　　填写日期：____年__月__日

产品名称			蓝图张数	总图____张，组件图____张，零件图____张			
类别	图号/图名	绘制人	完成日期	经费是否超支	超支/节约金额	核准人	备注

2. 委外设计单位评分表

评分项目	内容	得分	备注
技术能力	根据具备专业认证的员工与全体员工的比例来计分		
进度管理能力	根据以往项目进度计划的达成率或达成能力来计分		
品质管理能力	根据以往品质计划的达成率或达成条件来计分		
售后服务能力	根据以往解决客户问题的工作效率或服务能力来计分		
报价水平	根据整体和关键项目的报价以及各个部分在报价中的比例来计分		
设计单位总评			

9.1.3 新产品试制费用管控制度

以下是某公司的新产品试制费用管控制度，供读者参考。

制度名称	新产品试制费用管控制度			受控状态	
				编　号	
执行部门		监督部门		编修部门	

第1章　总则

第1条　目的

为促进集团的新产品开发工作，加快集团调整产品结构的步伐，实现对新产品研发试制工作的科学管理，从而对新产品试制费用的支出进行控制，特制定本制度。

第2条　适用范围

本制度适用于本公司及所属工厂新产品试制费用的使用与控制工作。

第3条　新产品试制费用的来源

新产品试制费用的来源主要有以下三个方面。

（1）属于集团公司下达的新产品研发项目，由上级单位按照有关规定拨给经费。

（2）属于工厂的新产品研发计划项目，由工厂自筹资金。

（3）工厂对外的技术引进费用也可作为新产品研发费用项目列支。

第2章　新产品试制计划管理

第4条　制订新产品试制计划

（1）新产品试制计划实行集团公司、工厂、研发部三级管理。

（2）各工厂应根据集团公司技术发展规划，结合国内外市场需要及企业发展方向，每年编制本工厂的新产品试制计划。

（3）各工厂的新产品开发应建立厂长领导下的总工程师（或技术副总）负责制。新产品的设计应采用国际标准或国外先进技术，积极采用现代设计方法，并加强试验研究，验证工艺和工艺装备，提高产品的可靠性。

（4）集团公司应严格完善新产品试制计划的管理和考核办法，并指导各工厂安排好新产品试制计划。

（5）集团公司在安排新产品试制计划时，应优先安排具备下列条件之一的新产品的试制工作。

① 属于国家重点建设项目、国家重点科技攻关和重大技术开发项目的有关产品。

② 属于高新技术附加价值高的产品。

③ 属于出口创汇、替代进口或大量节约能源、材料的产品。

第5条　新产品试制计划的审批程序

（1）集团公司总工程师办公室根据集团公司的发展规划与计划要求，结合各工厂提出的产品发展

（续）

规划和年度新产品试制计划，审定并落实新产品试制计划。

（2）每年下达一次新产品试制计划。

第3章 新产品试制成果鉴定管理

第6条 新产品试制成果的认定条件

新产品的试制成果必须经鉴定合格后，方可视为完成试制计划，试制成果方可获得认定。

第7条 新产品鉴定的过程控制

（1）新产品鉴定应按照国家相关部委科学技术成果鉴定办法进行。

（2）新产品在完成样机试制、监测试验、工业性运行试验合格的基础上，方可进行技术鉴定。

（3）样机鉴定合格，解决了鉴定过程中发现的必须改进的技术问题，并且得到负责组织样机鉴定的部门的审批后，方能转入小批试制或正式投产。

第8条 新产品样机鉴定的条件

新产品样机鉴定的条件如下。

（1）已进行性能测试和试验，并具有必要的"工业运行报告"（含"现场试验报告"或"用户报告"）。

（2）具有完整的技术文件资料，包括计划任务书、技术总结、成套的设计图纸技术条件及有关说明、必要的工艺文件、标准化审查报告、产品技术经济分析报告、试制总结、鉴定大纲等。

第9条 新产品批试鉴定（或生产定型）的条件

对于批量生产的新产品，在样机试制完成并通过鉴定后，应组织小批量试生产，并进行鉴定，以验证工艺规程，以验证工艺规程、工艺装备、监测方法等是否符合批量生产的要求。这种批试鉴定（或生产定型）需具备以下三个条件。

（1）通过样机鉴定，且批量生产的产品，经测试、工业运行，达到原设计要求或合同要求，质量可靠。

（2）具有满足批量生产的工艺设备、装置和检测的设备。

（3）具备必要的技术文件，如技术总计报告、工艺文件、设计图纸及产品说明书、样机鉴定意见的修正报告、性能测试报告、标准化审查报告、质量分析报告、技术经济分析报告、用户试用报告等。

第10条 样机鉴定与批试鉴定的取舍

（1）未经样机鉴定的新产品，不得直接进入批试鉴定（或生产定型）。

（2）对于专业性较强或市场需要量不大，且在工艺、工装等方面与原产品基本相似的产品，样机鉴定和批试鉴定可合并进行。

第4章 新产品试制经费使用控制

第11条 新产品试制经费的专款专用

（1）新产品试制经费按单项预算拨给，要做到单列账户、专款专用。

（2）费用经总工程师审查，厂长批准后，由研发部掌握，财务部监督，不准挪作他用。

（续）

<table>
<tr><td colspan="6">第 12 条　新产品试制经费的使用程序
新产品试制经费要严格按其发生情况履行经费申请、分配、下达、检查等程序，财务部负责经费的申请受理、拨付、使用监督与费用核算工作。
第 5 章　附则
第 13 条　本制度由研发部负责制定、修改和解释
第 14 条　本制度自颁布之日起实施</td></tr>
<tr><td>编制日期</td><td></td><td>审核日期</td><td></td><td>批准日期</td><td></td></tr>
<tr><td>修改标记</td><td></td><td>修改处数</td><td></td><td>修改日期</td><td></td></tr>
</table>

9.1.4 新产品试制费用管控表单

1. 新产品试制费用预算表

工作名称	所需材料				所需仪器				所需人员成本
	名称	规格	单价	总价	名称	规格	单价	总价	

9.2 工艺技术费用管理制度与表单

9.2.1 技术改进费用管控细则

以下是某公司的技术改进费用管控细则，供读者参考。

<table>
<tr><td rowspan="2">制度名称</td><td colspan="3" rowspan="2">技术改进费用管控细则</td><td>受控状态</td><td></td></tr>
<tr><td>编　号</td><td></td></tr>
<tr><td>执行部门</td><td></td><td>监督部门</td><td></td><td>编修部门</td><td></td></tr>
</table>

第1章 总则

第1条 目的。为提升集团公司的整体技术水平，促进集团公司的技术进步，规范生产管理，提高经营效益，特制定本细则。

第2条 适用范围。本细则适用于集团公司实施的工程类技术改造、设备类技术改造（以下简称“技改”）等项目的费用管理控制工作。

第2章 技术改进费用管控原则

第3条 对集团公司拨入的技改资金，各下属公司应单独建立账户进行管理，技改项目与技改项目之间、技改项目与生产经营之间要严格区分，不准挪用、挤占。

第4条 每个技改项目都要确立项目负责人，该项目负责人将对项目实施的全过程，以及技术方面、经费使用方面、验收方面等工作负全责。技改项目管理办公室（由公司主管副总任办公室主任，研发部、技术部、生产部、设备部抽调人员组成）负责全部技改项目的实施与管理。

第5条 财务部负责对技改项目的合同、预算实行内部审计，并对其进行现场抽查，保证合同和预算的合理性、合法性，并负责对技改项目经费的使用情况进行审核、监督，保证专款专用、专门归集、专户核算。

第6条 技改项目施工单位必须严格按实施方案和审计后的合同、预算施工，保证施工的进度和质量，未经内部审计的合同和预算，不准实施。

第7条 技改项目的所有支出必须由主管副总、总会计师联合签字，必须具有规定的原始单据方可办理，否则财务人员有权不予支付。

第8条 所有技改项目资金必须按项目概算中的项目合同和预算支付。如有特殊情况，必须报主管副总批准，并由总会计师、总经理联合签字方可支付。

第3章 工程类技术改进费用控制细则

第9条 对内承包技改项目的拨款办法及程序。

（1）施工部门依据施工图纸编制预算交财务部审计。

（续）

（2）审计通过后，编制“工程资金拨款计划”，将施工进度表、工程预算、工料分析单等上报技改项目管理办公室。

（3）工程款按工程进度拨付，拨至工程总造价的80%停拨，要求各施工部门编制决算，待决算通过审计后再拨至工程总造价的90%，并预留5%的工程质量保证金、5%的工程款以备调整，达不到“优良”或“合格”的工程项目不予结算。

（4）施工部门需借款时，应填写“借款单”（一式三份），并由技改项目管理办公室主任、技改项目经理、总会计师、财务部经理签字，然后到主管会计处办理借款。

（5）施工部门借款外购材料时要及时报账，发票上要有本部门负责人的签字。

第10条 对外承包技改项目管理方法及程序。

在对外承包技改项目中，本公司为“甲方”，项目的施工单位为“乙方”。

（1）要求乙方根据合同和施工图编制预算交财务部审计。

（2）审计通过后，将工程预算上报技改项目管理办公室。

（3）工程进度款的结算，每月____日前，乙方应向甲方监理单位提交上个月的工程结算文件四份，由监理核定工程量及工程进度结算。监理单位应于____日内审核完毕，并附审核意见。

（4）经监理核定后的月份进度结算于每月____日前提交给甲方相关部门。甲方于当月____日内核定完月份进度结算，并转交给财务部审计，每月24日完成（如遇休息日，顺延至工作日）。

（5）经甲方核定后的月份进度结算于每月____日转交给乙方、技改项目管理办公室，财务部自存一份。

（6）乙方接到经甲方核定后的“月份进度结算书”后，按结算审定后的70%提取月份工程进度款，并由乙方办理工程支付申请，送交监理盖章。

（7）乙方将工程支付申请转交给甲方，并开具内部发票，交甲方审定盖章后生效。乙方收到工程款后的____个工作日内，开具发票到乙方财务部办理结算。

（8）工程进入最后收尾阶段，甲方拨付工程进度款额度至工程总造价的80%停拨，待工程竣工验收达到按合同签订的“优良工程”后，甲乙双方进行决算，按财务部审定后的工程总造价的90%拨工程款。待总体工程全部验收后再拨5%的工程款，预留5%的工程质量保证金，待质保期后结算。

第4章 设备类技改费用控制细则

第11条 设备类技改项目，若总价在10万元（含10万元以上），或不足10万元但同类设备总量估算价在30万元以上的，公司统一组织招标。定标后，向中标单位发出“中标通知书”，依据招标文件、招标书签订“技改项目实施合同”。

第12条 拟技改的设备估价在10万元以下的，经公司价格小组审核，设备部负责按技术指标要求组织技改，并组织相关部门对技改成果进行验收。

第13条 按合同要求办理付款，付款的同时督促对方开具发票。

第14条 设备类技改项目费用的各项支出，必须有预算，要严格控制，不允许超支。项目临时标

（续）

准由技改项目管理办公室提出，经总经理、总会计师、主管副总联合审批，报财务部审核、备案后方可支付。 **第5章 附则** 第15条 本细则由研发部负责制定、修改和解释 第16条 本细则自颁布之日起实施					
编制日期		**审核日期**		**批准日期**	
修改标记		**修改处数**		**修改日期**	

9.2.2 技术改进费用控制表单

1. 技术改进费用预算表

项目	预计费用（元）
员工工资	
差旅费	
办公费	
业务招待费	
总计	

2. 技术改进消耗定额控制表

编号：　　　　　　　　　　日期：____年__月__日

材料名称	规格/型号	适用工艺	适用设备	单位消耗定额	用量说明	备注

9.2.3 工装模具费用管控制度

以下是某公司的工装模具费用管控制度，供读者参考。

<table>
<tr><td rowspan="2">制度名称</td><td colspan="3" rowspan="2">工装模具费用管控制度</td><td>受控状态</td><td></td></tr>
<tr><td>编　　号</td><td></td></tr>
<tr><td>执行部门</td><td></td><td>监督部门</td><td></td><td>编修部门</td><td></td></tr>
</table>

第 1 条　目的

在保证工装磨具正常使用的前提下，为了提高磨具的上机成型率、套次产量和寿命，控制工装磨具的管理费用，提升工厂的经济效益，特制定本制度。

第 2 条　适用范围

本制度适用于本公司各类工装磨具的管理控制工作。

第 3 条　名词解释

本制度所称的“工装磨具费用”，是指公司在采购、使用、保管、修理工装磨具的过程中发生的相关费用，其中包括但不限于工装磨具的采购费用、维修与保管费用、使用费用、修理费用等。

第 4 条　工装磨具费用控制措施

1. 货比三家，有选择地进行招标采购

要想降低工装磨具的费用，首先必须在保证其质量的前提下，降低采购价格。具体做法如下。

（1）公司应与工装磨具供应商建立长期、稳定的合作关系。

（2）实行货比三家的招标采购方式，以便控制工装磨具的采购价格，从而进一步降低采购成本。

（3）按照 ISO 质量体系要求，对供应商的资质、质量、价格、服务、交货期、信用情况等进行综合评定，从而确定合格的磨具供应商。

2. 建立健全工装磨具的科学管理制度

（1）建立工装磨具管理制度。工装磨具的验收、试模、入库、保管、发放、使用、修理、报废、补充是工装磨具管理的全过程，实行厂、车间两级管理，每一环节都由专人负责。

（2）建立工装磨具档案，修订完善工装磨具验收与试模管理办法，全面记录每一套工装磨具的原始数据，以此为依据评价工装磨具的状况。

（3）根据生产需求，合理存放工装磨具，在保证生产的前提下，尽可能减少采购数量。

（4）对工装磨具实行分类存放和库存动态管理，综合考虑其使用状况和供应周期。

（5）建立健全工装磨具报废补充制度，明确工装磨具的报废标准。工装磨具的报废补充应坚持动态管理、少量多次、合理库存的原则。

3. 优化工装磨具使用条件，延长其使用寿命

（1）应严格规范工艺条件，合理使用工装磨具。

（续）

<table>
<tr><td colspan="6">（2）严格制定磨具加热条件，根据磨具类型、尺寸合理地确定加热温度、时间，保护性使用磨具。
（3）减少磨具的冷热刺激，避免将冷水直接浇到磨具上面。
4. 提高磨具上机成型率
（1）建立工装磨具使用随行卡制度，详细记录上机情况，为修模提供可靠依据。
（2）对修模工进行技术培训，提高修模水平。
（3）对工装磨具修理中存在的共性问题，要及时总结规律、重点攻关解决。
第5条　本制度自颁布之日起执行</td></tr>
<tr><td>编制日期</td><td></td><td>审核日期</td><td></td><td>批准日期</td><td></td></tr>
<tr><td>修改标记</td><td></td><td>修改处数</td><td></td><td>修改日期</td><td></td></tr>
</table>

9.2.4　工装模具费用管控表单

1. 工装模具清单明细表

编号	名称	型号/规格	生产厂家	生产日期	进厂日期	放置地	设备原值	折旧年限	已折旧金额	日常维修情况

2. 工装模具年度预算表

<table>
<tr><td>编号</td><td>名称</td><td>型号/规格</td><td>拟采购数量</td><td>预计单价</td><td>金额合计</td></tr>
<tr><td></td><td></td><td></td><td></td><td></td><td></td></tr>
<tr><td></td><td></td><td></td><td></td><td></td><td></td></tr>
<tr><td></td><td></td><td></td><td></td><td></td><td></td></tr>
<tr><td colspan="5">年度维修费用合计</td><td></td></tr>
<tr><td colspan="5">金额总计</td><td></td></tr>
</table>

9.3 技术引进费用管控制度与表单

9.3.1 技术引进费用管控制度

以下是某公司的技术引进费用管控制度，供读者参考。

<table>
<tr><td rowspan="2">制度名称</td><td rowspan="2" colspan="3">技术引进费用管控制度</td><td>受控状态</td><td></td></tr>
<tr><td>编　　号</td><td></td></tr>
<tr><td>执行部门</td><td></td><td>监督部门</td><td></td><td>编修部门</td><td></td></tr>
<tr><td colspan="6">

第 1 章　总则

第 1 条　目的

为进一步提高本公司的技术水平，规范技术引进工作，控制技术引进费用，提高公司的经营效益，特制定本制度。

第 2 条　适用范围

本制度适用于公司在引进技术过程中发生的一系列费用，其中包括但不限于下列费用项目。

（1）专利权、专有技术等的使用费。

（2）技术引进前期调查、可行性分析与评审所发生的人员费用、差旅费、考察费用。

（3）签订技术引进合同期间发生的费用，如谈判人员费用、差旅费等。

（4）与引进技术培训相关的费用，包括人员参加培训的费用、供应方专家来厂指导所发生的费用等。

第 3 条　相关释义

本制度所称的“技术引进费”，是指通过贸易或经济技术合作，从境内外团体或个人获得的技术时所产生的一切费用。

第 4 条　影响技术引进费的因素

影响技术引进费的主要因素包括下图所示的九点。

</td></tr>
</table>

（续）

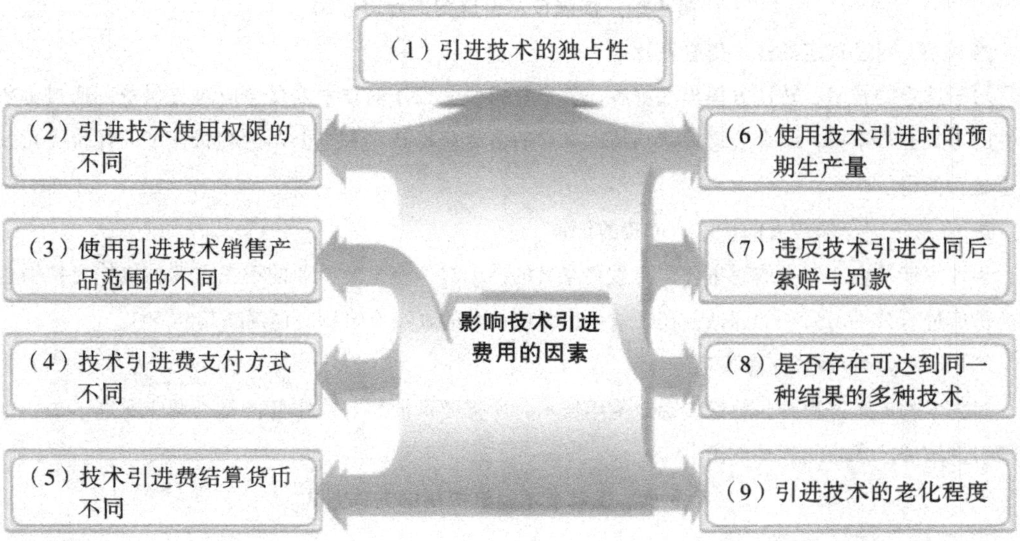

第 2 章　建立技术引进费用控制组织

第 5 条　组建技术委员会

由总经理、负责技术方面的副总及相关的技术部门经理或技术专家组成的技术委员会，主要负责评估引进的技术及其费用。

第 6 条　跟踪各国技术发展现状

技术部应积极跟踪国内外的技术发展现状，提供技术引进的相关资料。

第 3 章　加强技术资料收集的控制

第 7 条　收集技术信息资料

（1）技术委员会应指定专人根据公司的技术发展规划和市场现状，积极收集拟引进技术方面的信息资料。

（2）尽量收集、选择与本公司的发展能无缝对接的技术。如果公司已具备与该技术相配套的设备及人员，可提高技术引进的谈判筹码，间接减少技术引进过程中的服务事项，从而有利于降低技术引进费用。

第 8 条　收集技术信息的要求

收集的技术信息应达到以下三点要求。

（1）收集的技术信息应是成熟的技术信息，避免公司引进技术后还需支付额外的费用。

（2）收集能达到同一目的但不同类的技术信息，方便公司进行经济性选择。

（3）收集的技术信息应尽量保证所需原材料、零配件的通用性与普通性，防止技术转让方利用所需原材料的特殊性与稀缺性让本公司支付额外的费用。

（续）

第 4 章　加强技术引进费的评审控制

第 9 条　对已选定的技术引进费评审

对于选定的技术，转让方提出报价后，负责技术引进工作的技术委员会应对支付费用通过分析可行性的方式进行审核，结合公司现状与技术本身的信息分析技术和本公司的相符程度，评价支付技术引进是否值得。

第 10 条　对金额较大的技术引进费的评审

当评审涉及金额较大或对本公司有重要意义的技术时，应邀请专业的第三方评估机构对拟引进技术的价值进行公平、公正的评估，在评估得出此项技术的真实价值后，再判断其经济性。

第 11 条　评审过程注意事项

对技术的评审过程中，关键要确定使用技术时所需要的原材料、零配件是否属于垄断供应，以免增加引进该项技术后的额外支出。

第 5 章　控制技术引进费用的支付方式

第 12 条　一次性全额付款

若公司一次性全额付款，应确定转让方所能提供的优惠额度，同时比较此项付款的资金用于其他投资的投资报酬率。

第 13 条　分期付款

（1）若选择在规定年限内分多次支付时，需调查、计算分期支付的银行利息、汇率等，确定分期支付所要付出的费用数额。

（2）若选择按技术投产后的产量分批支付，需根据产品市场的前景，对产品的产量与销售量进行保守预期，并在此基础上提取分期付款的额度。

第 6 章　加强引进技术的使用控制

第 14 条　引进技术的使用

取得转让的技术后，及时组织技术专家进行技术攻关，尽快消化、掌握技术，避免引进的技术受制于转让方，产生额外费用。

第 15 条　引进技术的研发

相关技术专家在掌握引进的技术后，要在此基础上积极进行研发、升级，减少公司在技术引进方面的额外支出。

第 7 章　附则

第 16 条　本制度由研发部负责制定、修改和解释

第 17 条　本制度自颁布之日起执行

编制日期		审核日期		批准日期	
修改标记		修改处数		修改日期	

9.3.2 技术引进费用管控表单

技术引进费用预算表

项目	费用（元）
员工工资	
差旅费	
办公费	
培训费	
制图费	
业务招待费	
维修保养费	
总　　计	

第10章 技术研发管理制度与表单

10.1 技术研发过程管理制度与表单

10.1.1 技术研发过程管理制度

以下是某公司的技术研发过程管理制度，供读者参考。

制度名称	技术研发过程管理制度			受控状态	
				编　　号	
执行部门		监督部门		编修部门	

第1章 总则

第1条 目的

为规范公司技术研发活动，加强对技术研发项目的管理，提升公司的核心竞争力，确保公司的稳定与健康发展，特制定本制度。

第2条 适用范围

本制度适用于技术研发过程中的管理工作。

第3条 名词解释

本制度中所称的“技术研发项目”，是指新技术研发项目以及原有技术的改动幅度超过____%的项目。

第2章 技术研发的决策

第4条 技术研发项目审批原则

公司的技术研发活动实行审批制与备案制相结合的方式。技术研发项目审批的基本原则如下图所示。

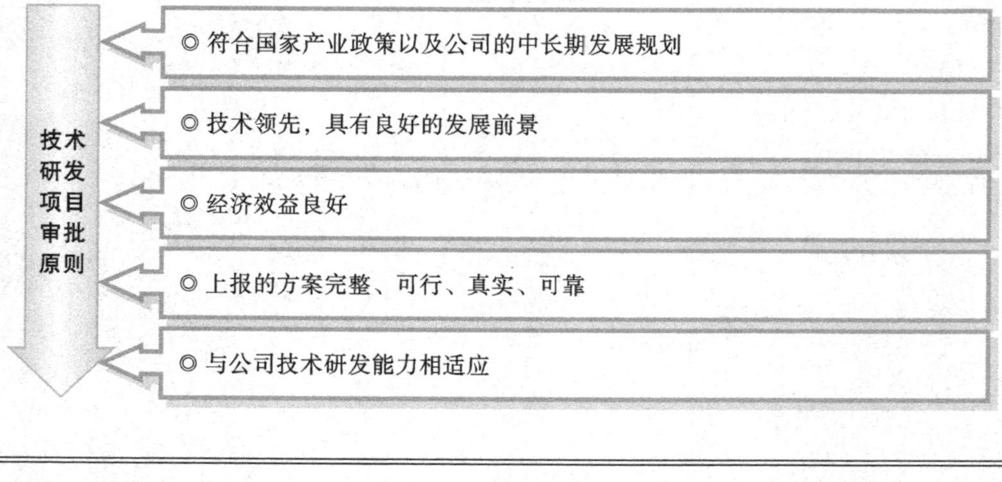

（续）

第5条　技术研发项目方案内容

技术研发项目由研发部统一管理。相关人员提交的技术研发项目方案至少应包括如下图所示的内容。

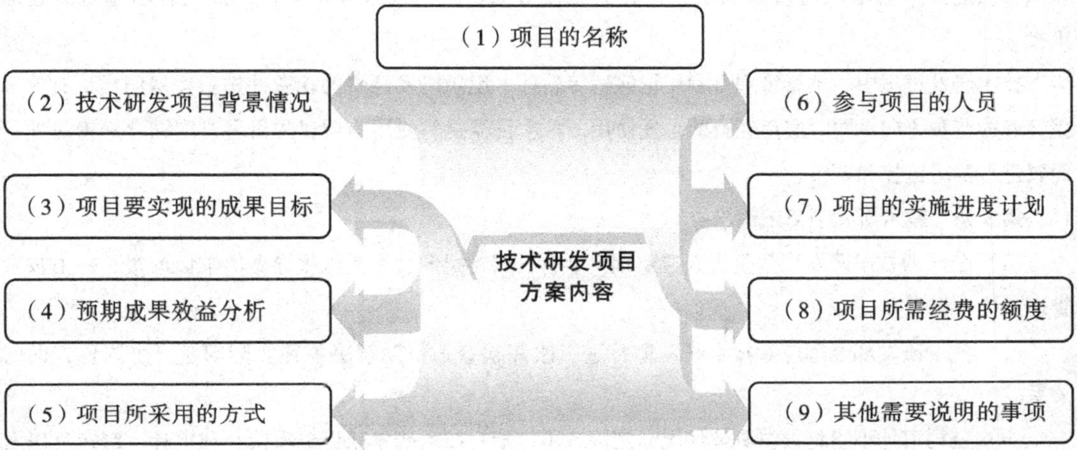

在技术研发项目决策过程中未能通过的研发方案，公司将对其进行备案并实施分类管理，任何人不得私自销毁备案研发方案或造成备案研发方案外流。

第6条　技术研发项目审批流程

公司技术研发项目的审批沉程，按照方案提出、论证审查、审议决策、审批实施四个步骤进行管理。为提高项目的运作效率，促审批流程更加便捷，在申请审批之后，应在企业的OA系统或者微信上提醒相关负责人，加强沟通，并提升工作效率。审批流程步骤的具体说明，如下图所示。

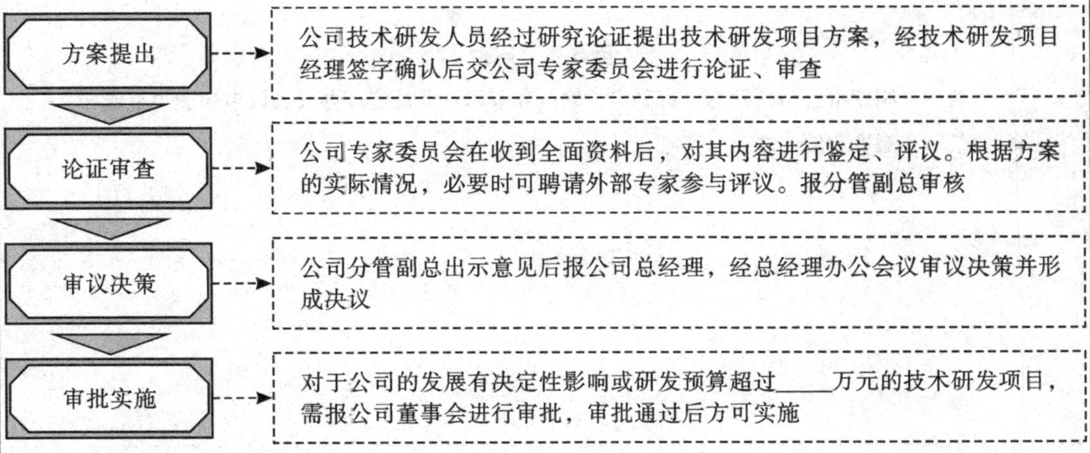

技术研发项目审批流程

（续）

<table>
<tr><td colspan="6">

第3章 技术研发的过程管理

第7条 技术研发过程预算管理

技术研发过程中需要增加预算时，有研发项目负责人编制“增加预算申请书”，详细说明技术研发项目的进展、需增加的预算额度、预算的花费方向、预期成果等内容，并报主管副总与总经理审批。

技术研发过程中的预算管理可利用记账通等软件，记录研发经费的花费并进行经费归类，有效掌握经费的花费方向，同时避免经费的重复使用，将项目经费的使用与项目的研发进度结合起来对项目经费进行实时监控和调整。

第8条 技术研发项目跟踪检查

（1）公司的技术研发项目负责人应定期将项目进展情况向公司主管领导做出书面汇报，并由技术管理人员存档备案。

（2）技术研发部经理应对技术研发项目进行跟踪检查，帮助解决各种实际问题，协调各方面的关系。

（3）公司审计小组将根据具体情况，定期或不定期对技术研发项目专项检查和审计，对违反研发方案的相关内容，提出处理意见或建议，并报公司总经理办公会议批准后执行。

第4章 技术研发成果评价与管理

第9条 技术研发成果评价

（1）公司专家委员会负责对技术研发项目成果进行评价，并将评价结果上报分管副总。

（2）重大的技术研发项目成果，可聘请外部权威机构进行鉴定。

第10条 技术研发成果管理

公司技术部应安排专人对技术研发项目的成果进行管理，包括申报技术专利、项目过程和最终文档的存档备案等。

第5章 附则

第11条 本制度由公司研发部负责制定、修改和解释；经总经理办公会议审议通过后颁布

第12条 本制度自颁布之日起实施

</td></tr>
<tr><td>编制日期</td><td></td><td>审核日期</td><td></td><td>批准日期</td><td></td></tr>
<tr><td>修改标记</td><td></td><td>修改处数</td><td></td><td>修改日期</td><td></td></tr>
</table>

10.1.2 技术研发过程管理表单

1. 技术研发进度表

<table>
<tr><th rowspan="2">研发阶段</th><th rowspan="2">工作内容</th><th rowspan="2">负责人</th><th colspan="12">工作进度（月别）</th></tr>
<tr><th colspan="3">1月</th><th colspan="3">2月</th><th colspan="3">……</th><th colspan="3">12月</th></tr>
<tr><td>资料收集</td><td></td><td></td><td></td><td></td><td></td><td></td><td></td><td></td><td></td><td></td><td></td><td></td><td></td><td></td></tr>
<tr><td>方案论证</td><td></td><td></td><td></td><td></td><td></td><td></td><td></td><td></td><td></td><td></td><td></td><td></td><td></td><td></td></tr>
<tr><td>研发</td><td></td><td></td><td></td><td></td><td></td><td></td><td></td><td></td><td></td><td></td><td></td><td></td><td></td><td></td></tr>
<tr><td>技术试验</td><td></td><td></td><td></td><td></td><td></td><td></td><td></td><td></td><td></td><td></td><td></td><td></td><td></td><td></td></tr>
<tr><td>技术完善</td><td></td><td></td><td></td><td></td><td></td><td></td><td></td><td></td><td></td><td></td><td></td><td></td><td></td><td></td></tr>
<tr><td>资料准备</td><td></td><td></td><td></td><td></td><td></td><td></td><td></td><td></td><td></td><td></td><td></td><td></td><td></td><td></td></tr>
</table>

2. 技术项目综合评定表

<table>
<tr><td>项目名称</td><td></td><td>项目编号</td><td></td></tr>
<tr><td>项目负责人</td><td></td><td>开始时间</td><td></td></tr>
<tr><td>研发进度情况</td><td colspan="3">□按计划进行 □进度超前 □拖延 □停顿 □尚未开展</td></tr>
<tr><td>影响研发进展原因</td><td colspan="3">□计划性调整 □协作关系影响 □技术骨干流失 □设备、材料没落实
□资金没落实 □市场需求变化 □重大不可抗因素 □其他原因，说明________</td></tr>
<tr><td rowspan="2">参与研发人员情况</td><td>项目组人员变动</td><td colspan="2">□是 □否</td></tr>
<tr><td>变动原因说明</td><td colspan="2">（包括人员变动、工作时间比例变动等）</td></tr>
<tr><td rowspan="2">安全性</td><td>是否发生不良事件</td><td colspan="2">□有 □无</td></tr>
<tr><td>若有请说明</td><td colspan="2"></td></tr>
<tr><td rowspan="3">计划执行情况</td><td>进度</td><td>目　标</td><td>目标的完成情况</td></tr>
<tr><td>半年</td><td></td><td></td></tr>
<tr><td>全年</td><td></td><td></td></tr>
<tr><td rowspan="2">效益</td><td>直接效益（经济）</td><td colspan="2"></td></tr>
<tr><td>间接效益（社会和环境效益）</td><td colspan="2"></td></tr>
<tr><td>结论</td><td colspan="3">□同意继续开展 □项目中止

评估组长签名：
评估日期：____年__月__日</td></tr>
</table>

10.2 技术文件综合管理制度与表单

10.2.1 技术文件综合管理制度

以下是某公司的技术文件综合管理制度，供读者参考。

<table>
<tr><td rowspan="2">制度名称</td><td colspan="3" rowspan="2">技术文件综合管理制度</td><td>受控状态</td><td></td></tr>
<tr><td>编　　号</td><td></td></tr>
<tr><td>执行部门</td><td></td><td>监督部门</td><td></td><td>编修部门</td><td></td></tr>
</table>

第1章　总则

第1条　目的

为规范公司的技术文件管理，确保技术文件的完整性、正确性、系统性和保密性，特制定本制度。

第2条　适用范围

本制度适用于对公司技术文件的综合管理工作。

第3条　名词解释

本制度中的“技术文件”，是指公司的产品设计图纸、各种技术标准、技术档案和技术资料以及与之相关的商务合同、客户资源、财务报表等。此外，技术文件还包括未打印出图的电子图纸资料、电子技术文档等。

第4条　技术文件的管理部门

（1）技术部为技术文件的统一管理部门。技术文件作为进行生产和各项管理工作共同的技术依据，各部门应指定一名专职或者兼职人员负责各种技术文件的登记、保管、复制、收发、扫描、注销、归档工作，保证技术文件存储的完整、准确、清晰、统一等；同时应做好保密工作，防止公司机密泄露，造成损失。

（2）若暂时未指定负责人，则由部门经理暂时负责。部门经理和技术部负责本部门技术文件的保密、发放与归档工作。

第2章　技术文件的编制与发放

第5条　技术文件的编制

（1）公司的技术文件由公司技术部负责编制，技术文件一旦形成，其所有权均属于公司，编制人员不得将其归为私有。

（2）技术文件、技术标准及图纸资料的编制应严格执行设计（编制）、校对、审核三级把关制度，明确各级授权人员的责、权、利。

（续）

（3）技术文件中的编号、名称、日期，设计、校对、审核、批准等栏应签署齐全，签署不全的技术文件不得投放到生产车间。

第6条 技术文件的发放

图纸投入生产，即投放到生产车间之前，必须加盖“生产用图”“受控文件”章，由专人签字后凭部门经理批准的领单从技术部领出。

第3章 技术文件的使用、修改

第7条 技术文件的使用

（1）各部门使用技术文件时，不得擅自更改技术文件，不得涂抹、损毁技术文件。确因实际需要必须更改技术文件时，必须填写“更改申请单”，并经部门经理、技术部经理、主管副总审批同意后，由技术部人员作出更改。

（2）每一研发项目完工后，该项目的项目负责人应在半月内完成技术资料整理工作，交技术部刻制光盘，备份、存档。

（3）技术部定期清理技术文件的借阅手续。各部门使用技术文件的期限为一个月，若超期使用，必须先归还后再重新办理借阅手续；否则视为私自占有，公司将按相关规定进行处理。

第8条 技术文件的修改

（1）技术文件的修改必须按级、按各职能部门的业务分管范围执行；技术文件修改前，由负责修改的部门提出修改理由及具体修改内容，交有关领导审批。

（2）修改后的技术文件必须重新履行会审、会签及批准手续，填发“更改通知书”。

第4章 技术文件的存档与保密

第9条 技术文件的存档

（1）各技术文件的使用部门使用完技术文件后，领用人应负责将领出的文件收回，交技术部存档；若丢失，由领用人负责。

（2）每一研发项目完工后，项目负责人应在半月内完成技术资料的整理工作，并交技术部刻制光盘，备份、存档。

第10条 技术文件的保密

（1）接触到技术文件的任何部门、任何个人不得擅自打印、复制技术文件的内容，不得以电子文档等形式在网上传递或者用移动硬盘、U盘、软盘等复制技术文件内容。因工作需要必须打印或复制技术文件时，经办人须提出书面申请单，部门经理签字批准后方可通过技术部打印、复印或复制技术文件。

（2）为了保证技术资料的保密性，除按正常程序办理借阅手续外，任何人不得私自向外转让和借出技术资料；否则，公司将进行严肃处理。

（3）员工用于工作的计算机未经部门经理批准不得随意拆开，计算机硬盘中的资料属公司机密，硬盘不准私自带出公司。若计算机出现故障，需部门经理指定专人送修，并保证硬盘中资料的保密性。

（4）技术部保存技术文件的计算机不得联网，且必须与互联网保持物理隔断，以防止技术文件失窃。

（续）

<table>
<tr><td colspan="6">（5）若因不负责任造成技术文件遗失或者泄露，公司将根据有关保密规定给予责任人从罚款至内部记过不等的处罚；情节严重者，公司将追究其法律责任。
第5章　技术文件的销毁
第11条　销毁技术文件的程序
需要销毁的技术文件由技术部提出，由部门经理会同有关技术人员仔细校对核实，然后将销毁理由与销毁文件清单上报总公司，公司总经理审批同意后方可销毁。
第12条　技术文件销毁的方法
需要销毁的纸质技术文件必须经过碎纸机粉碎或者用火烧掉，光盘等文件必须用锤击碎。
第6章　附则
第13条　本制度由公司技术部负责制定、修改和解释；由总经理办公室审议通过后颁布
第14条　本制度自颁布之日起实施</td></tr>
<tr><td>编制日期</td><td></td><td>审核日期</td><td></td><td>批准日期</td><td></td></tr>
<tr><td>修改标记</td><td></td><td>修改处数</td><td></td><td>修改日期</td><td></td></tr>
</table>

10.2.2 技术文件综合管理表单

1. 技术文件更改通知单

编号：

<table>
<tr><td>产品型号</td><td>原文件版次</td><td colspan="2">更改后文件版次</td><td>更改实施日期</td><td>在制品数量</td></tr>
<tr><td></td><td></td><td colspan="2"></td><td></td><td></td></tr>
<tr><td>更改原因</td><td></td><td colspan="2">在制品处理</td><td colspan="2">□隔离、单独发货　□返工
□报废　□其他</td></tr>
<tr><td colspan="2">更改前</td><td colspan="4">更改后</td></tr>
<tr><td colspan="2"></td><td colspan="4"></td></tr>
<tr><td colspan="2">是否需要更改刀具、产品重量等文件</td><td colspan="4">□是，已更改　□否</td></tr>
<tr><td colspan="2">发放部门</td><td colspan="4"></td></tr>
<tr><td>编制人</td><td>审核人</td><td colspan="2">批准人</td><td colspan="2">日期</td></tr>
<tr><td></td><td></td><td colspan="2"></td><td colspan="2"></td></tr>
</table>

2. 技术文件报审表

<table>
<tr><td>项目名称</td><td colspan="4"></td><td>日期</td><td colspan="2">____年__月__日</td></tr>
<tr><td colspan="8">现报上关于____________________________项目的技术管理文件，在____年__月__日之前，请予以审定。</td></tr>
<tr><td colspan="2">类　别</td><td colspan="2">编制人</td><td colspan="2">册　数</td><td colspan="2">页　数</td></tr>
<tr><td colspan="2">制造组织设计</td><td colspan="2"></td><td colspan="2"></td><td colspan="2"></td></tr>
<tr><td colspan="2">制造方案</td><td colspan="2"></td><td colspan="2"></td><td colspan="2"></td></tr>
<tr><td colspan="2"></td><td colspan="2"></td><td colspan="2"></td><td colspan="2"></td></tr>
<tr><td colspan="2"></td><td colspan="2"></td><td colspan="2"></td><td colspan="2"></td></tr>
<tr><td>制造单位名称</td><td></td><td>技术负责人</td><td></td><td>申报人</td><td colspan="3"></td></tr>
<tr><td>总承包单位
审核意见</td><td colspan="7">☐有/☐元　附页</td></tr>
<tr><td>总承包单位名称</td><td></td><td>审核人</td><td></td><td>审核日期</td><td colspan="3">____年__月__日</td></tr>
<tr><td>监理审定意见</td><td colspan="7"></td></tr>
<tr><td>审定结论</td><td colspan="7">☐同意　　☐修改后报　　☐重新编制</td></tr>
<tr><td>监理单位名称</td><td></td><td>监理工程师</td><td></td><td>日期</td><td colspan="3">____年__月__日</td></tr>
</table>

10.3 新技术鉴定验收管理制度与表单

10.3.1 新技术鉴定验收实施细则

以下是某公司的新技术鉴定验收实施细则，供读者参考。

<table>
<tr><td rowspan="2">制度名称</td><td colspan="3" rowspan="2">新技术鉴定验收实施细则</td><td>受控状态</td><td></td></tr>
<tr><td>编　号</td><td></td></tr>
<tr><td>执行部门</td><td></td><td>监督部门</td><td></td><td>编修部门</td><td></td></tr>
<tr><td colspan="6"> 第1章　总则 第1条　目的
为规范新技术鉴定验收工作，强化技术创新管理，促进新技术的有效推广应用，根据《新产品新技术鉴定验收管理办法》，特制定本实施细则。</td></tr>
</table>

（续）

第2条 适用范围

我公司所有新技术的验收工作均按照本鉴定验收实施细则实行。

第3条 名词解释

本细则所称的“新技术鉴定”，是指经济管理部门聘请有关专家，按照规定的形式和程序，对技术创新活动中新产品、新技术的主要性能、技术水平、试（投）产或在生产中试（使）用的可行性、市场前景、社会经济效益等进行综合审查平价，并作出相应的结论。

第4条 归口管理部门

本公司技术部负责新技术鉴定验收的申报管理。

第2章 鉴定内容和程序

第5条 新技术鉴定内容

新技术鉴定的主要内容包括以下三个方面。

（1）评价新产品、新技术的性能、采用标准、技术水平、生产工艺条件。

（2）考核新产品试（投）产、新技术试（使）用所需条件是否具备，安全、卫生、环保等是否符合要求。

（3）预测分析市场前景、经济效益和社会效益。

第6条 申请新技术鉴定条件

申请新技术鉴定，应当具备以下六项条件。

（1）产品设计新颖、结构合理、性能先进，新技术具备全新的功能或较原技术有明显改进，有应用、推广价值。

（2）具备必需的标准、工艺规程、安全规程、操作规程及工装、检测等手段，工艺技术文件齐全。

（3）达到设计要求，符合国家标准、行业标准或用户要求的技术经济指标。

（4）技术资料齐全，数据真实准确。

（5）符合环保、安全、卫生等有关规定。

（6）符合规定的鉴定申报程序。

第7条 申请新技术鉴定程序

申请鉴定程序如下。

（1）本公司有新技术需申请鉴定时，应向鉴定组织单位提出书面申请。鉴定组织单位会在收到申请之日起30日内，作出是否受理的答复。对特别重大的项目，受理申请的单位会报请上一级主管部门组织鉴定。

（2）鉴定组织单位受理申请后，会根据新技术开发所处的阶段、所属行业类别情况以及生产或推广应用要求，选择某种鉴定方式进行鉴定。常用的鉴定方式如下表所示。

（续）

鉴定方式一览表

鉴定方式	具体说明
检测鉴定	◇ 由鉴定组织单位委托有资质的专业检测机构，按照国家标准、行业标准中的有关指标，对新产品、新技术进行检测分析，并提出检测报告 ◇ 对没有国家标准、行业标准的新产品、新技术，公司应当制定公司的标准，按省、自治区、直辖市人民政府的规定备案后，作为检测的依据
会议鉴定	◇ 由鉴定组织单位聘请有关方面的专家及主要用户组成鉴定委员会，以鉴定会形式对新产品、新技术进行审查和评价，并作出结论
合同验收	◇ 由鉴定组织单位聘请有关方面的专家及用户组成鉴定委员会，按照合同双方约定的验收标准和方法进行测试、评价，并作出结论

（3）通过鉴定的新技术、新产品，由鉴定组织单位核发《新产品新技术鉴定证书》。

第3章 鉴定组织和管理

第8条 鉴定工作实行分级管理

（1）列入国家计划的新产品、新技术，由国家商务部负责鉴定的指导和监督，由项目的主持（或组织实施）单位组织鉴定。

（2）列入其他各级计划的新产品、新技术，由计划下达部门组织鉴定。

（3）公司自行开发的重大新产品、新技术，可向省、自治区、直辖市、计划单列市商务厅或者行业主管部门提出申请，由受理单位组织鉴定。

（4）省、自治区、直辖市、计划单列市商务厅组织鉴定时，应当邀请行业主管部门参加。

第9条 鉴定组织单位的职责

鉴定组织单位要履行下列职责。

（1）审查鉴定申请报告，在规定的期限内作出是否受理的答复，决定鉴定方式，确定鉴定的组织形式及人员。

（2）采用会议鉴定方式的，根据需要确定会议规模及鉴定委员会成员构成。

（3）审核鉴定委员会提交的鉴定报告。如有重大缺陷，应责成原鉴定委员会补充鉴定和评价。

（4）负责调解鉴定争议和处理对鉴定工作的申诉。

（5）对参加鉴定工作的专家，按有关规定发给咨询费。

（6）颁发鉴定证书，并报上一级主管部门核准、备案。

第4章 附则

第10条 本细则由技术部负责制定、修改和解释

第11条 本细则经总经理审批后实施

编制日期		审核日期		批准日期	
修改标记		修改处数		修改日期	

10.3.2 新技术鉴定验收管理表单

1. 新技术鉴定验收申请表

<table>
<tr><td>技术名称</td><td></td><td>研发技术编号</td><td></td></tr>
<tr><td>完成人员</td><td colspan="3"></td></tr>
<tr><td>负责人</td><td></td><td>联系电话</td><td></td></tr>
<tr><td>研发起止时间</td><td colspan="3">自____年__月__日至____年__月__日</td></tr>
<tr><td>研发资金构成</td><td colspan="3"></td></tr>
<tr><td>鉴定申请单位意见</td><td colspan="3">盖章：
日期：____年__月__日</td></tr>
<tr><td rowspan="2">鉴定组织单位意见</td><td>鉴定类别</td><td></td><td rowspan="2">盖章：
日期：____年__月__日</td></tr>
<tr><td>鉴定方式</td><td></td></tr>
</table>

2. 新技术内部验收报告

<table>
<tr><td>技术成果</td><td></td><td>验收时间</td><td></td></tr>
<tr><td>验收人员</td><td></td><td>验收内容</td><td></td></tr>
<tr><td>验收环境</td><td colspan="3"></td></tr>
<tr><td colspan="4">验收过程</td></tr>
<tr><td>功能</td><td>要求指标</td><td>验收方法</td><td>验收结果</td></tr>
<tr><td></td><td></td><td></td><td></td></tr>
<tr><td></td><td></td><td></td><td></td></tr>
<tr><td></td><td></td><td></td><td></td></tr>
<tr><td>验收结论</td><td colspan="3"></td></tr>
<tr><td>验收小组意见</td><td colspan="3">签字： 日期：____年__月__日</td></tr>
<tr><td>技术部经理意见</td><td colspan="3">签字： 日期：____年__月__日</td></tr>
<tr><td>技术总监意见</td><td colspan="3">签字： 日期：____年__月__日</td></tr>
</table>

第11章 工艺研发管理制度与表单

11.1 产品工艺研发管理制度与表单

11.1.1 产品工艺研发管理制度

以下是某公司的产品工艺研发管理制度，供读者参考。

<table>
<tr><td rowspan="2">制度名称</td><td colspan="3" rowspan="2">产品工艺研发管理制度</td><td>受控状态</td><td></td></tr>
<tr><td>编　号</td><td></td></tr>
<tr><td>执行部门</td><td></td><td>监督部门</td><td></td><td>编修部门</td><td></td></tr>
<tr><td colspan="6">

第1章　总则

第1条　目的

为规范公司工艺研发管理，对工艺研发过程进行有效控制，使采用研发工艺生产的产品满足市场与顾客的需求，特制定本制度。

第2条　适用范围

本制度适用于公司产品工艺研发管理工作。

第2章　工艺研发的准备工作

第3条　工艺性审查

在新的生产工艺研发前，相关人员需要对公司的产品进行工艺审查，掌握需要研发的工艺的基本数据。产品的工艺性审查需要做好以下四项准备工作。

（1）收集国内外最好的近似产品的工艺情况，并进行分析和整理，确定可以用来对比计算的典型结构和近似基础产品。

（2）确定新产品的生产类型和技术经济指标。

（3）估算新工艺的研发、验证所需的费用和时间。

（4）确定基础产品的结构工艺性评价指标及具体要求。

第4条　编制产品的工艺方案

公司工艺研发工程师应根据产品的设计组织人员确定产品的工艺方案。产品的工艺方案编制依据如下图所示。

</td></tr>
</table>

（续）

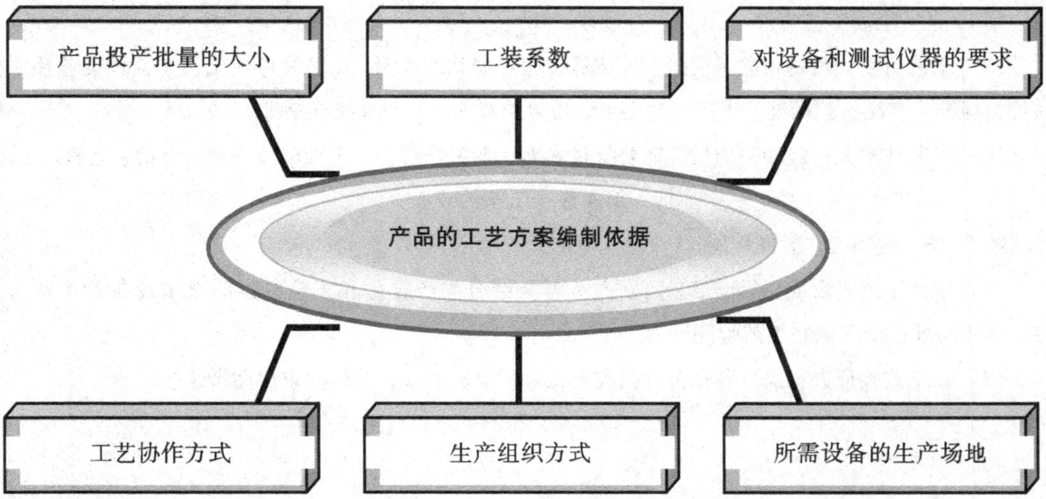

第5条　方案的审核审批

（1）工艺研发人员编制的工艺方案应呈交专家组进行论证，并对有歧义的问题进行讨论，然后根据讨论决议修改工艺方案，并报公司主管副总审批。重大、复杂、费用高的工艺方案可聘请外部专家进行论证。

（2）工艺研发人员应将批准后的工艺方案及时分发给相关部门和人员，方便其进行准备。

第3章　工艺的研发

第6条　选择生产方法

公司工艺研发人员需要根据批准的工艺方案及产品的特点、原料性能、生产要求等确定合适的生产方法。

第7条　划分生产阶段

为保证产品质量，合理利用设备和安排各工序，工艺研发人员应根据产品的加工要求合理划分产品的各个生产阶段。

第8条　确定工序的集中与分散程度

工艺研发人员应根据产品的特点和生产类型，按照工序的集中和分散原则，确定哪些工作需要在一道工序内完成，哪些工作应分散到不同的工序内进行。

第9条　安排生产顺序

工艺研发人员应根据产品原材料的不同性质正确地安排加工顺序和辅助工序，形成一条合理、完整的工艺路线。

第10条　工艺研发设计要求

在工艺研发过程中，工艺研发人员还需及时做好工装设备的设计、制造工作或采购工作，工装设备的设计应本着客观、经济、科学的原则进行。

（续）

第 11 条　编制工艺文件

（1）工艺研发人员将相关工艺研发完成后，应根据其内容编制工艺文件。工艺文件种类包括原材料检验标准、产品检验标准、生产工艺要求、质量控制方法、作业指导书等。

（2）工艺技术文件编制完成后，需要报技术部、专家委员会、主管副总论证、审批、会签。

第 4 章　工艺的验证

第 12 条　编制工艺验证计划

（1）生产工艺研发成功后，工艺研发人员需要结合生产技术和工艺方案的要求及各种原料、工装、设备的准备情况编制工艺验证计划。

（2）在工艺验证进行前，各相关部门需要做好积极的准备，具体要求如图所示。

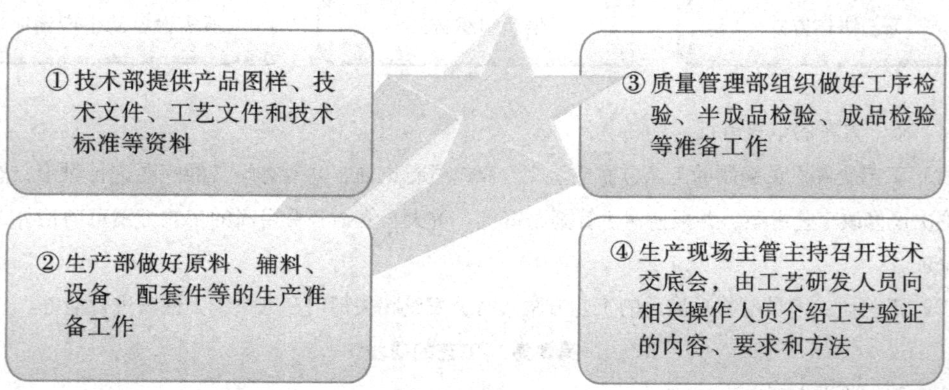

工艺验证前准备工作

第 13 条　实施工艺验证

（1）公司系列产品和主导产品的工艺验证工作由工艺研发人员负责组织指导。进行工艺验证时，各生产现场的技术人员负责验证工作。验证结束后，各技术人员需要编写工艺验证小结并上报技术部。

（2）在工艺验证过程中若发现工序有明显错误或遗漏，现场工艺研发人员应及时修改工艺；如暂时无法修改，应立即停机，待工艺修改完善后方可继续验证。

第 14 条　工艺定型

（1）按照工艺研发人员研发的工艺流程及技术所生产的产品符合产品设计要求且质量稳定时，方可认定为工艺验证成功。验证成功的工艺方可定型。

（2）工艺定型后，工艺研发人员需要重新整理工艺文件。若工艺验证时进行过现场修改，之后应及时修改工艺文件的相关内容，并将修改完成的工艺文件报技术部、专家委员会与主管副总审批。审批通过后，将工艺文件发给相关部门使用。

（续）

第5章 附则					
第15条 本制度由公司研发部负责制定，修改和解释；经总经理办公会议审核通过后颁布 第16条 本制度自颁布之日起实施					
编制日期		审核日期		批准日期	
修改标记		修改处数		修改日期	

11.1.2 产品工艺研发管理表单

1. 工装设计任务书

编号： 日期：____年__月__日

产品名称		产品型号		每台件数	
零件名称		零件图号		生产批量	
工装名称		工装编号		制造数量	
设计目的					
使用设备			适用其他产品		
工装等级（或验证类别）					
工序内容		工序号			
		工序简图和技术要求			
旧工装编号			库存数量		
旧工装处理意见					
工装设计任务日期说明					
编制日期	审核日期		批准日期		设计日期

2. 产品工艺审查单

编号：　　　　　　　　　　　　　　　　　　　　　　　　　　审查日期：____年__月__日

<table>
<tr><td colspan="2">产品名称</td><td colspan="2"></td><td colspan="2">产品型号</td><td></td></tr>
<tr><td colspan="2">零部件名称</td><td colspan="2"></td><td colspan="2">图纸编号</td><td></td></tr>
<tr><td colspan="2">审查人员</td><td colspan="5"></td></tr>
<tr><td colspan="3">发现主要工艺问题</td><td colspan="2">修改意见</td><td colspan="2">处理结果</td></tr>
<tr><td colspan="3"></td><td colspan="2"></td><td colspan="2"></td></tr>
<tr><td colspan="3"></td><td colspan="2"></td><td colspan="2"></td></tr>
<tr><td colspan="3"></td><td colspan="2"></td><td colspan="2"></td></tr>
<tr><td colspan="7">审查会签记录</td></tr>
<tr><td>工艺员</td><td></td><td colspan="2">设计员</td><td></td><td>相关人员</td><td></td></tr>
</table>

11.2 工艺装备管理制度与表单

11.2.1 工艺装备管理制度

以下是某公司的工艺装备管理制度，供读者参考。

<table>
<tr><td rowspan="2">制度名称</td><td colspan="3" rowspan="2">工艺装备管理制度</td><td>受控状态</td><td></td></tr>
<tr><td>编　　号</td><td></td></tr>
<tr><td>执行部门</td><td></td><td>监督部门</td><td></td><td>编修部门</td><td></td></tr>
<tr><td colspan="6">
第1章　总则
第1条　目的
为加强对工艺装备的管理，确保产品质量，减轻工人劳动强度，提高劳动生产率，降低产品成本，特制定本制度。
第2条　适用范围
本制度适用于公司全部工艺装备的管理工作。
第3条　名词解释
本制度所称的“工艺装备”是指为实现产品的工艺规程，使加工零件达到设计图样要求所必须的各种磨具、夹具、刃具、量具以及辅助工具等。工艺装备按其应用范围，可分为专用工装夹具和通用工装夹具两大类。
</td></tr>
</table>

（续）

第4条 工艺装备的管理职责

（1）工艺装备的设计更改由工艺研发人员负责，公司技术部负责保存底图。

（2）生产部安排专职保管人员负责工艺装备的保管工作。

（3）工艺装备应当进行编号，将其名称、作用、照片、存放地址等进行电子化管理，便于查询、使用。

（4）工艺装备的维修由生产部技术人员负责。

第2章 工装设计与图纸管理

第5条 工艺装备设计

公司采用新的工艺进行生产时，工艺研发人员需要同时设计工艺装备，确保工艺技术的实现与生产效率的提高。工艺装备的设计要求如图所示。

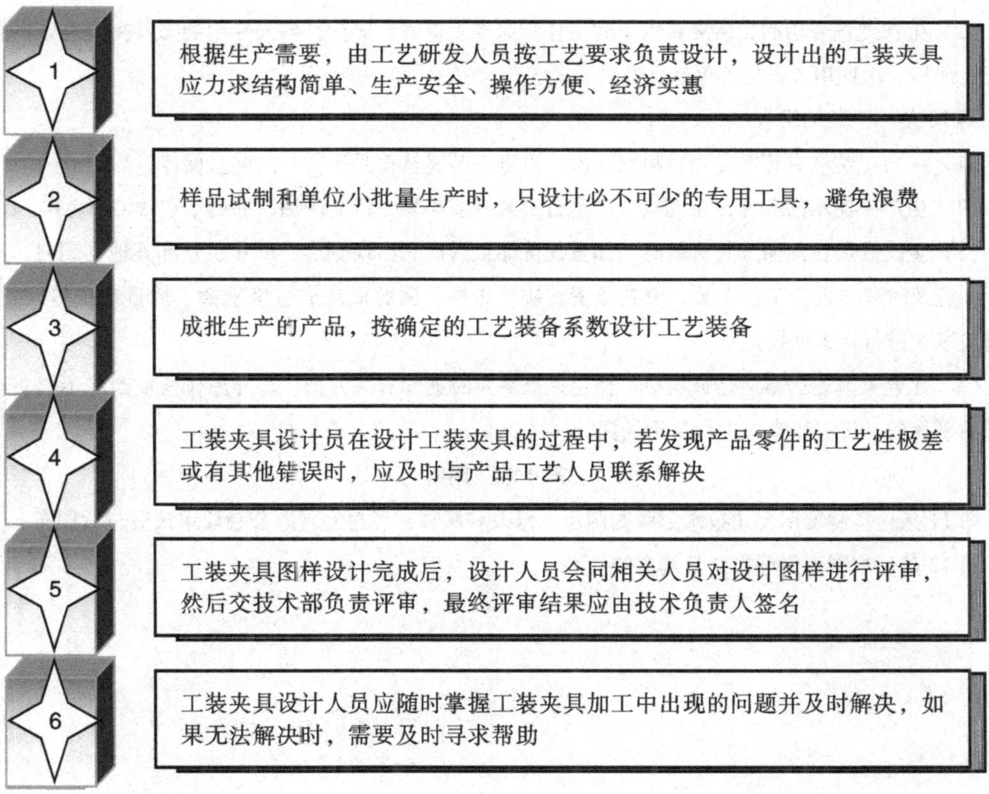

工艺装备的设计要求

第6条 工装夹具的交付

工装夹具设计完成后，研发人员需及时将其交付给采购人员或生产人员进行外购或自行生产。

（续）

第7条　工装夹具图样的修改

工装夹具图样在制造过程中发现需要更改时，必须及时通知该工装夹具的设计人员，由设计人员在图纸上签署姓名、时间、标记、修改处数后，方可按改动后的图样生产。

第3章　工装的库存、现场管理与维修

第8条　工装的库存管理

（1）凡新做的工装必须经过质检人员的检验验证（即经过试装），并判定检验合格，同时填写“工装夹具检验记录单”，加盖合格印章后方可入库。

（2）库管人员需对工装夹具进行分类存放、明码标识并妥善保管，同时需要及时更新工装夹具的台账。

第9条　工装的现场管理

（1）根据生产需要，由车间主任统一安排现场所需工装夹具的领取工作，否则仓库将不予发放。

（2）生产现场公用的工装夹具由车间主任指派专人保管、养护，各人专用的工装夹具经车间主任登记造册后，由使用人员进行保管、养护。

第10条　工装的维修

（1）一般工装夹具每季度抽查检修一次，重点工装夹具每月进行一次维修保养。

（2）生产中使用的各种工装夹具，产生自然磨损或小端头折断现场，都属于正常维修范围。

（3）生产人员在使用工装夹具时，如发现待加工的产品出现变形、尺寸超差和其他问题时，不得蛮干，应及时通知现场工艺人员，由其负责解决；否则，因此而造成进度耽搁、质量瑕疵等问题时，将对当事人进行从重处罚。

（4）工装夹具若因事故造成报废，使用人员需及时通知有关人员；若弄虚作假或隐瞒不报直至造成产品事故的，将对当事人进行从重处罚。

第4章　附则

第11条　本制度由公司技术部负责制定、修改和解释；经总经理办公会议审议通过后颁布

第12条　本制度自颁布之日起实施

编制日期		审核日期		批准日期	
修改标记		修改处数		修改日期	

11.2.2 工艺装备管理表单

1. 工艺装备管理单

编号：　　　　　　　　　　　　　　　　　　　　　　　　填写日期：____年__月__日

零部件名称		零部件图号	
工装名称		工装图号	
使用工序		使用人	
工装使用地		主要责任人	
工装供应商		供应商代码	
达成目标			
现存问题			
备　注			

填写人：　　　　　　　　　　　　　　　　审核人：

2. 生产工艺指令单

编号：　　　　　　　　　　　　　　　　　　　　　　　　日期：____年__月__日

品名	规格		批号		计划产量
配料	原辅料名称		预处理方式		应投数量
工序 1	名称	用量		浓度	数量
工序 2	预混时间	制粒时间		烘干温度	烘干时间
工序 3	整粒筛网目数	外加辅料名称		用量	总混时间
编制人（工艺员）				日期	
审批人（车间主任）				日期	
备注					

11.3 工艺改进管理制度与表单

11.3.1 工艺改进管理制度

以下是某公司的工艺改进管理制度，供读者参考。

<table>
<tr><td rowspan="2">制度名称</td><td colspan="3" rowspan="2">工艺改进管理制度</td><td>受控状态</td><td></td></tr>
<tr><td>编　号</td><td></td></tr>
<tr><td>执行部门</td><td></td><td>监督部门</td><td></td><td>编修部门</td><td></td></tr>
</table>

第 1 条　目的

为了评估工艺改进后对产品的生产、质量带来的全面影响，稳定生产秩序，特制定本制度。

第 2 条　适用范围

本制度适用于公司各类生产工艺的管理工作。

第 3 条　职责

研发部负责对工艺改进进行评估和评价。

第 4 条　工艺改进的原则

没有获得批准的工艺改进不能应用于生产。

第 5 条　提出工艺改进计划

对公司各品种生产工艺，安全生产、环境保护、节能降耗、提高收率的改进提出申请时，需填写“工艺改进申请表”并交至研发部。“工艺改进申请表”的具体格式如下。

工艺改进申请表

<table>
<tr><td>主题</td><td colspan="3"></td></tr>
<tr><td>改进前标准要求</td><td colspan="3"></td></tr>
<tr><td>改进后标准要求</td><td colspan="3"></td></tr>
<tr><td>工艺改进支持资料</td><td colspan="3"></td></tr>
<tr><td>申请人/日期</td><td></td><td>审核人/日期</td><td></td></tr>
</table>

（续）

第6条 工艺改进验证

（1）原则上任何工艺改进都需要进行验证，工艺改进部门首先提出验证申请并提供必要的技术资料、验证资料等，同时对工艺改进的必要性进行说明。

（2）对工艺改进的好处和坏处进行综合评价，特别要重点评价关于质量、职业健康、安全环保、增加收益等方面的影响，供相关部门参考。

第7条 工艺改进评估

（1）研发部组织相关部门有资质的技术人员对工艺改进进行全面、充分的评估，组织形式不限。

（2）评估内容至少包括质量、职业健康、安全环保、增加收益方面，同时对资料的可行性、完整性及工艺改进的必要性，尤其是工艺改进对各方面的负面影响展开充分、全面的评估，且应提出集体观点，并填写如下表所示的“工艺改进评估表”。

工艺改进评估表

主题	
评估结论	
批准意见	批准人： 日期：____年__月__日

（3）经评估，若认为工艺改进的必要性不充足或理由不充分，可暂时放弃工艺改进，并通过进一步验证等手段对资料进行补充和完善之后，开展重新评估。

（4）经评估，若认为必要性充足、理由充分则确定进行小量试制验证。

（5）评估结果应形成书面结论并由评估部门签字确认后，交由技术总监批准。

第8条 实施小量试制验证

验证方案起草完毕交技术研发部，依验证管理程序进行审批。

第9条 审核、批准验证报告

（1）小量试制验证结束后，验证报告交研发部，研发部组织相关部门对验证报告进行评估审核。技术研发总监负责批准。

（2）验证报告批准后，技术研发部通知申请技术改进的部门在车间内小范围生产，修改相应内容。

第10条 资料归档

所有工艺改进的资料在研发部归档保管。

第11条 本制度自颁布之日起实施

编制日期		审核日期		批准日期	
修改标记		修改处数		修改日期	

11.3.2 工艺改进管理表单

1. 工艺改进说明表

产品名称	工序名称	原有工艺	拟改进方向	技术性分析	经济性分析	可实现性分析

2. 工艺改进申请表

编号：　　　　　　　　　　　　　　　　　　　　　　申请日期：____年__月__日

提出人	姓名		部门		职位	
预估时间						
改进对象						
改进工位						
改进原因						
改进方法						
部门经理意见	签字： 日期：____年__月__日					
技术部经理意见	签字： 日期：____年__月__日					
备注	改进提出人应认真填写申请表，由部门经理审核同意后，交至技术部					

11.4 工艺规程管理制度与表单

11.4.1 工艺规程管理制度

以下是某公司的工艺规程管理制度，供读者参考。

<table>
<tr><td rowspan="2">制度名称</td><td colspan="3" rowspan="2">工艺规程管理制度</td><td>受控状态</td><td></td></tr>
<tr><td>编　　号</td><td></td></tr>
<tr><td>执行部门</td><td></td><td>监督部门</td><td></td><td>编修部门</td><td></td></tr>
</table>

第1条　目的

为规范工艺规程的管理工作，特制定本制度。

第2条　适用范围

本制度适用于工艺规程的管理工作。

第3条　名词解释

本制度所称“工艺规程”，是指涵盖了生产一定数量成品所需的原材料、包装材料的数量，以及工艺、加工说明、注意事项、生产过程控制说明的一个或一套文件。

第4条　工艺规程内容

公司凡正式投入生产的产品都必须编制工艺规程。工艺规程主要包括但不限制于以下八项内容，具体如下图所示。

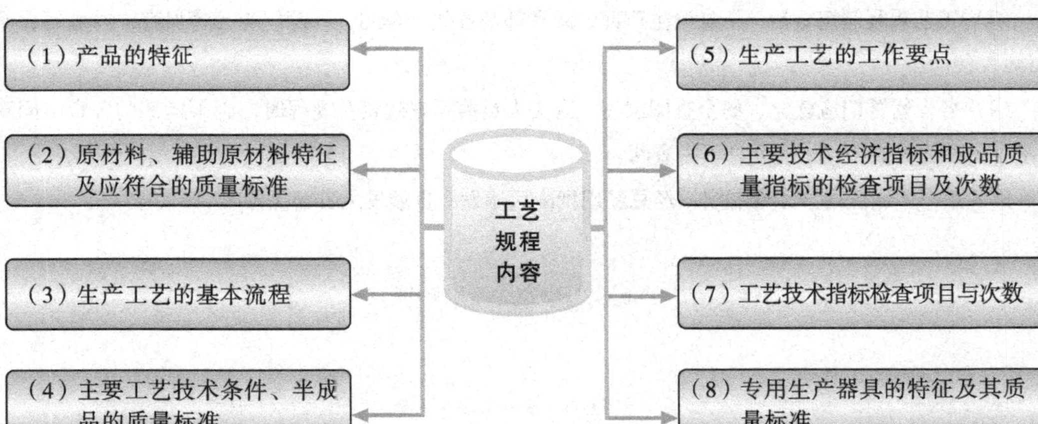

第5条　工艺规程的编制依据

工艺规程的编制依据包括如下图所示的两个方面。

（续）

1 ◎ 工艺规程必须以国家标准和满足用户需求为依据，新产品试制要根据用户的技术条件要求，结合原材料、技术设备的实际情况制定产品的工艺规程

2 ◎ 工艺规程的编制以与产品相关的理论研究和同行业技术成果为依据

工艺规程的编制依据

第 6 条　工艺规程的制定程序

工艺规程的制定程序如下。

（1）工艺研发人员通过工艺资料或试验，结合原材料、辅助资料、设备等具体情况提出工艺草案。

（2）技术部负责人组织相关专家对草案进行讨论，并提出修改意见，由技术部汇总修改意见后修正工艺草案，制定工艺规程初稿。

（3）生产车间主任组织生产人员进行讨论补充，并将相关意见通知技术部，由技术部修订初稿。

（4）技术部将定稿交主管副总审核后报总经理审批，总经理审批通过后可颁布执行。

第 7 条　工艺规程的修订

（1）工艺规程一般每三年修订一次。特殊情况下可申请提前修订。需修订时，由相关部门提出申请，技术部经理审查同意后，由工艺人员负责修订，修订后以书面形式下达正式变更通知。

（2）在修订的工艺规程未正式颁发前，仍须按原规程执行。

（3）工艺规程制定好后，下发给生产部、品管部及各生产车间，各部门应妥善保存，并做好保密工作。

（4）各保管部门应建立、健全查阅制度，有关人员需要查阅相关规程时，必须经部门负责人同意并签字批准方可查阅；未经允许不得查阅。

第 8 条　本制度由技术部制定，经总经理批准后颁发，自颁发之日起执行

编制日期		审核日期		批准日期	
修改标记		修改处数		修改日期	

11.4.2　工艺规程管理表单

1. 工艺过程卡

<table>
<tr><td rowspan="2">单位名称</td><td colspan="2" rowspan="2"></td><td>产品型号</td><td colspan="3"></td><td>零件图号</td><td colspan="2"></td></tr>
<tr><td>产品名称</td><td colspan="3"></td><td>零件名称</td><td colspan="2"></td></tr>
<tr><td>材料牌号</td><td colspan="2"></td><td>毛坯种类</td><td colspan="3"></td><td>备　注</td><td colspan="2"></td></tr>
<tr><td>工序号</td><td>工序名称</td><td colspan="3">工序内容</td><td>车间</td><td>工段</td><td>设备</td><td>工艺装备</td><td>工时</td></tr>
<tr><td></td><td></td><td colspan="3"></td><td></td><td></td><td></td><td></td><td></td></tr>
<tr><td></td><td></td><td colspan="3"></td><td></td><td></td><td></td><td></td><td></td></tr>
<tr><td></td><td></td><td colspan="3"></td><td></td><td></td><td></td><td></td><td></td></tr>
<tr><td>编制人</td><td colspan="2"></td><td>审核人</td><td colspan="3"></td><td>审批人</td><td colspan="2"></td></tr>
</table>

2. 产品工艺分析单

<table>
<tr><td>产品名称</td><td colspan="2"></td><td>产品型号</td><td colspan="2"></td></tr>
<tr><td>公司地位</td><td colspan="2"></td><td>市场地位</td><td colspan="2"></td></tr>
<tr><td>序号</td><td>工序名称</td><td>工艺技术</td><td>优点</td><td>缺点</td><td>备注</td></tr>
<tr><td>1</td><td></td><td></td><td></td><td></td><td></td></tr>
<tr><td>2</td><td></td><td></td><td></td><td></td><td></td></tr>
<tr><td>3</td><td></td><td></td><td></td><td></td><td></td></tr>
<tr><td></td><td></td><td></td><td></td><td></td><td></td></tr>
</table>

第12章
知识产权管理制度与表单

12.1 企业专利管理制度与表单

12.1.1 企业专利管理制度

以下是某公司的企业专利管理制度，供读者参考。

制度名称	企业专利管理制度			受控状态	
				编　号	
执行部门		监督部门		编修部门	

第1章　总则

第1条　目的

为加强和规范本公司的专利管理，维护公司合法权益，激发员工发明创造的积极性，推动公司科技进步，特制定本制度。

第2条　适用范围

本制度适用于对公司专利的管理工作。

第3条　相关释义

本制度所称的“专利”，是指发明专利、实用新型专利和外观设计专利。

第4条　专利归属权说明

（1）员工在执行公司任务或者主要利用公司的物质条件完成的发明创造为职务发明创造，申请专利的权利属于公司。申请被批准后，公司为专利权人。

（2）利用本公司的物质技术条件所完成的发明创造，公司与发明人或设计人订有合同，对申请专利的权利和专利权的归属做出约定。

（3）非职务发明创造，申请专利的权力属于发明人或是设计人。申请被批准后，该发明人或设计人为专利权人。

第2章　管理机构设置

第5条　管理方式说明

我公司对专利实行统一管理、分工负责的管理体系。法律事务部是专利管理的常设职能部门。

第6条　管理机构职责

法务部下设知识产权室，是专利管理的主管机构，具体的职责体现在以下11个方面。

（1）研究、制定并实施公司专利战略，并纳入技术进步和现代企业制度规划中，为经营决策服务。

（2）办理本公司专利申请、专利资产评估、专利合同备案、认定登记、专利质押合同登记以及专利广告证明事宜。

（续）

（3）保护本公司专利权和防止侵犯他人的专利权，办理有关专利纠纷、专利诉讼事务。

（4）负责对员工进行专利法和专利知识的宣传培训、并为员工提供专利方面的咨询服务。

（5）鼓励员工开展发明创造活动，对有职务发明创造的员工给予奖励。

（6）管理公司专利资产，防止专利资产的流失。

（7）组织专利技术实施，管理专利许可的使用和转让。

（8）对于本公司非保密性质的专利文献进行云存储，这样可减少对公司硬盘的占用与损坏。

（9）做好技术和产品进出口中的专利工作。

（10）筹集和管理本公司的专利发展专项基金。

（11）处理其他与公司专利工作有关的事务。

第3章　专利资产的管理

第7条　专利资产管理内容

本公司专利资产管理工作包括以下7个方面的内容。

（1）专利战略研究与制定。

（2）专利技术开发。

（3）专利申请、维持、放弃的确定，职务与非职务发明的审查，专利技术档案、发明人员或设计人员的流动管理。

（4）专利资产评估。

（5）专利申请权转让、专利权转让、专利许可及专利权质押。

（6）专利诉讼和向海关提请知识产权备案。

（7）其他与专利资源有关的事项。

第8条　专利资产的评估

有下列情形之一的，本公司应对其进行专利资产评估。

（1）转让专利申请权、专利权的。

（2）以国有专利资产与外国公司及其他经济组织或个人合资、合作实施的，或者许可外国公司及其他经济组织或个人合资、合作实施的。

（3）以专利资产作价出资成立有限责任公司或股份有限公司的。

（4）需要进行专利资产评估的其他情形。

第9条　专利文献的检索与分析

产品或技术研发项目立项前、研发过程中、研发项目完成后，知识产权室应和技术研发部一起进行专利文献的检索与分析，其目的如下。

（1）避免重复研发与侵权事件的发生。

（2）运用专利制度规则，提出能获得最大市场效益的技术路线和技术解决方案的建议。

公司开展对外贸易时，有如下所示情形之一的，知识产权室应做好相关项目的专利检索工作。

（续）

（1）技术、成套设备和关键设备的进出口。

（2）未在国内销售过的原材料和产品的进口。

（3）未在其他国家和地区销售过的原材料及产品的出口。

第 4 章　专利的申请

第 10 条　申请专利的目的

申请专利的目的在于获得专利权，保护发明创造现在和潜在的市场，以获得一定的经济效益。

在新产品、新技术的开发，新材料、新工艺的研究与技术改造，引进技术的消化与吸收等工作中做出的发明创造，凡符合专利授予条件的，应及时向国家专利局申请专利，以取得法律的保护。

第 11 条　专利申请的条件

提出专利申请时，应符合下列规定。

（1）公司技术研发部、总工程师、总设计师及相关人员，对其设计或研发的产品，对其产品、方法或改进的技术方案，或者对产品的形状、图案、色彩或者其结合富有美感并适合在工业上应用，具有新颖性、创造性、实用性的，应当提出专利申请的草案。

（2）凡欲申请专利的，应填写本公司“发明创造专利申报表”，在填写“申请专利的主要内容”栏时，应对申请专利的发明创造的技术特点，包括新颖性、创造性、实用性、效益型等，做出清楚、完整的说明，并根据已知技术对发明创造的专利性做出评价。

（3）部门专利管理员应在“部门初审意见栏”，就专利申请是否符合专利法有关规定作出初审的意见。

第 12 条　公司内部专利申请的审批

公司内部对专利申请的审批，应遵循下列规定。

（1）知识产权室由专职人员对申请专利的发明创造进行专利文献检索和专利性审查，并将检索的情况及专利“三性”审查意见填入“发明创造专利申请表”中。

（2）知识产权室领导审查“发明创造专利申报表”并签字。

（3）知识产权室将“发明创造专利申请表”报公司主管技术副总经理审批。

（4）公司主管技术副总批准后，知识产权室将“发明创造专利申请表”复印件返回到申请部门，办理专利申请的相关手续。

第 5 章　专利的办理

第 13 条　专利办理的方式

本公司的专利办理工作一般采取聘请代理机构办理的方式进行。

第 14 条　专利办理前准备工作

（1）经过领导批准的专利申请方案，知识产权室应做好登记备案工作，明确专利申请的承办人。

（2）承办人接受任务后，应在 5 个工作日内将申请专利的所有资料进行归档整理，并联系有专利代理资格的专利代理机构办理具体的申请事项。

（续）

（3）承办人应积极配合代理机构，若需补充材料，承办人应及时与专利代理机构联系，在15个工作日内予以补正，不得以任何借口推脱。

第15条 专利的受理、审查和授权或驳回

（1）经过专利代理机构的代理报审，在国家专利局按《中华人民共和国专利法》及相关规定进行初审和实质性的审查后，若专利局认为申请专利的文件资料不符合《中华人民共和国专利法》要求需补正的，知识产权室的承办人必须及时与专利代理机构联系，在15个工作日内予以补正。

（2）国家专利局根据审查情况，依据《中华人民共和国专利法》及相关规定，对符合《中华人民共和国专利法》要求的专利授予专利权并颁发专利证书；对不符合要求的予以驳回。

第6章 专利的使用和管理

第16条 专利资源的归档保管

对获得国家专利产品的图纸和技术资料及专利证书，法律事务部应指定知识产权室由专人负责整理、编号、登记在册，做好归档管理工作。

第17条 专利资料的查阅

因公司生产经营需要用到专利证书或查阅专利资料，应按下列程序办理。

（1）使用部门应提出书面报告，说明需要使用专利文献资料及专利证书的原因、用途及使用范围。

（2）知识产权室对书面申请的内容进行审查，并在三个工作日内出具审查意见。

（3）审查意见经法律事务部经理审核后，报送公司总经理审批。

第18条 专利权的使用

（1）使用人以书面报告向法律事务部知识产权室提出使用申请，知识产权室审查后做出“普通许可”“排他许可”或“独占许可”的意见，报送总经理批示。

（2）总经理批准后，由使用人与公司签订专利许可使用合同，明确双方的权利和义务。专利许可使用合同应当到合同签订地或被许可方机构注册地或专利实施地专利管理机关认定登记。

（3）专利许可合同生效后，知识产权室应做好编号、归档管理工作。

（4）公司知识产权室或专利管理人员擅自将专利许可他人使用的，公司将没收其非法所得，对直接责任人给予记大过处分。因此给公司造成重大损失的，责任人还须承担赔偿损失的责任。

第19条 专利权的转让

公司转让专利技术，应经公司领导的批准。具体做法如下。

（1）法律事务部根据公司的指示，与受让人签订专利转让合同。

（2）合同签订后，法律事务部指定知识产权室在3个工作日内将专利转让合同报国家专利局审查批准并公告。

（3）专利技术转让后，知识产权室应及时做好档案管理工作。

（续）

公司知识产权室或专利管理人员未经公司批准，擅自将专利技术转让者，公司将没收其非法所得，对直接责任人给予留用察看处分。因此给公司造成重大损失的，责任人还须承担赔偿损失的责任。

第7章 专利的保护

第20条 侵犯专利权的行为

侵犯本公司专利权的行为包括但不限制于以下五种。

（1）未经本公司许可，生产、销售与本公司专利相同或相近似的产品。

（2）未经本公司许可，进口与本公司专利相同或相近似的产品。

（3）将本公司专利号标记在产品上进行销售，假冒本公司专利产品。

（4）使用上述侵权产品的行为。

（5）未经本公司许可，展示与本公司专利相同或相近似的产品和技术，以及从事招投标活动。

第21条 公司员工保护专利的义务

公司及员工有权保护本公司专利权不受侵犯，维护公司的合法权益。一旦发现侵权行为，应及时报知识产权室，并帮助做好调查取证工作。公司及员工在保护自有专利的同时，也应避免侵犯他人的专利权。

第22条 涉及专利权保护的其他说明

（1）本公司专利权涉及海关保护的，要按照知识产权海关保护条例要求，及时向海关总署申请办理专利权海关保护备案。

（2）请求调查处理专利纠纷和进行专利诉讼的，由知识产权室负责办理，必要时可委托专利代理机构或法律事务部办理。对委托专利代理机构办理专利诉讼的，应有法律事务部参与，并将有关资料送法律事务部备案。

第8章 附则

第23条 本制度在制定过程中如有与国家法律法规相抵触的地方，以国家法律法规为准

第24条 本制度由本公司法律事务部知识产权室负责制定、修改，由法律事务部负责对外解释

第25条 本制度呈公司经营委员会（中、高层领导班子组成）审议后，由总经理审批；审批通过后方可颁布；修订、废止时亦同

第26条 本制度自颁布之日起生效实施

编制日期		审核日期		批准日期	
修改标记		修改处数		修改日期	

12.1.2 企业专利管理表单

1. 发明创造专利申报表

<table>
<tr><td>发明创造名称</td><td colspan="3"></td></tr>
<tr><td>申报部门</td><td></td><td>申报日期</td><td>____年__月__日</td></tr>
<tr><td>发明人或设计人</td><td></td><td>联系方式</td><td></td></tr>
<tr><td>专利申报类别
（请在对应类别前划“√”）</td><td colspan="3">□发明　　□实用新型　　□外观设计</td></tr>
<tr><td>专利申报等级
（请在对应类别前划“√”）</td><td colspan="3">□普通级　　□重要级　　□重大级</td></tr>
<tr><td colspan="4">申报专利的主要内容</td></tr>
<tr><td>部门初审意见</td><td colspan="3">部门专利管理员：　　日期：____年__月__日</td></tr>
<tr><td>部门领导意见</td><td colspan="3">部门领导：　　日期：____年__月__日</td></tr>
<tr><td>检索及审查意见</td><td colspan="3">公司专利管理员：　　日期：____年__月__日</td></tr>
<tr><td>主管部门领导意见</td><td colspan="3">知识产权管理部意见：　　日期：____年__月__日</td></tr>
<tr><td>审批意见</td><td colspan="3">主管技术副总经理：　　日期：____年__月__日</td></tr>
</table>

2. 撤回专利申请声明表

<table>
<tr><td rowspan="2">专利申请</td><td>申请号</td><td colspan="2"></td><td>申请日期</td><td>____年__月__日</td></tr>
<tr><td>发明创造名称</td><td colspan="4"></td></tr>
<tr><td>全体申请人
姓名或名称</td><td colspan="5"></td></tr>
<tr><td>申明内容</td><td colspan="5">根据《中华人民共和国专利法》及《中华人民共和国专利法实施细则》的相关规定，声明撤回上述专利申请</td></tr>
<tr><td>附件清单</td><td colspan="5">（全体申请人同意撤回专利申请的证明）</td></tr>
<tr><td colspan="3">全体申请人或专利代理机构签章

日期：____年__月__日</td><td colspan="3">专利局处理意见

日期：____年__月__日</td></tr>
</table>

12.2 企业商标管理制度与表单

12.2.1 企业商标管理制度

以下是某公司的企业商标管理制度，供读者参考。

<table>
<tr><td rowspan="2">制度名称</td><td colspan="3" rowspan="2">企业商标管理制度</td><td>受控状态</td><td></td></tr>
<tr><td>编　　号</td><td></td></tr>
<tr><td>执行部门</td><td></td><td>监督部门</td><td></td><td>编修部门</td><td></td></tr>
</table>

第1章　总则

第1条　目的。为明确公司商标的设计、注册、管理的职责，规范商标的使用，保护公司无形资产，树立和维护公司信誉，保证商品质量，加强知识产权的管理，特制定本制度。

第2条　适用范围。本公司的商标专用权受国家法律保护，任何组织、个人不得侵犯。凡本公司（包括公司总部、分公司及各地的分支机构，下同）的员工（含合同制员工、临时工，下同），均应遵守本制度。

第3条　商标范围说明。本制度所称“商标”，包括在中华人民共和国境内外已经申请注册的商标，也包括尚未申请注册的商标。

第4条　行使商标专用权的原则。公司行使商标专用权，应当遵循自愿、平等、等价有偿的原则，遵守国家法律、法规和政策；任何组织、个人不得非法干预。

第2章　管理部门及职责

第5条　商标管理部门说明。

（1）本公司的商标管理纳入知识产权管理体系中，在公司知识产权管理办公室的统一领导下，由商标管理工作人员负责商标的日常事务管理。

（2）销售部门负责主管商标流通过程中的商标（含广告宣传、商标标识的委托印制等）管理。

（3）技术部负责制定与商标相关的产品质量标准、工艺操作规程，品质科负责商标产品出厂的检验工作。

第6条　管理部门任务。

商标管理部门应结合市场和商标管理工作的实际，积极开展工作，其基本任务如下。

（1）根据本公司参与国内和国际市场竞争的实际需要，定期提出本公司商标工作实施的策略与建议，全面推动本公司开展品牌创新过程中的管理工作。

（2）协助有关部门或主管负责人制订和实施年度商标工作计划，包括不断完善各项商标管理规章、督促和调整计划的实施，并做好每年的工作总结。

（续）

（3）联系政府有关行政主管部门、司法机关以及行业知识产权组织，及时了解政府和行业管理部门的要求及有关信息，适时反映本公司商标工作的问题和需求。

（4）为促进本公司争创驰名商标，负责对外发布信息、发表论文、参加展览会、研讨会之前的信息审查；参与涉及商标问题的有关合同或协议的起草工作，以及对外商标问题谈判。

（5）对本公司在市场竞争中涉及到的商标侵权进行调查，并及时提出对策、建议，协助本公司处理有关纠纷，向有关责任人追偿由其侵害行为造成的损失。

（6）组织对本公司商标的设计、评估、办理各项商标的注册申请、变更登记等事宜，负责管理本公司的各项商标事务；配合公司知识产权顾问开展商标管理等工作。

（7）对涉及本公司的商标纠纷进行了解并提出分析意见和处理建议，选择律师事务所并协助处理法律诉讼等事宜。

（8）向本公司各部门提供有关商标的法律咨询和组织培训。

第3章　商标的设计

第7条　商标设计途径。

公司商标的设计，根据实际需要可由公司内部设计部门自行设计，也可委托外部机构设计，还可通过广告宣传的形式向社会征集。具体设计途径说明如下表所示。

商标设计途径说明表

商标设计途径	具体说明
公司内部设计部门自行设计商标	◇ 应在知识产权管理办公室会议确定后，由主管领导向设计者签发“商标设计任务书”，在设计过程中严格保密，设计后将设计过程中收集的全部资料、连同设计草图、定稿整理成专门档案交知识产权管理办公室。在公司成功申请注册商标前，设计者不得将设计中的信息对外披露
委托外部机构设计商标	◇ 应在知识产权管理办公室确定后，由公司与之签订书面委托设计合同书，明确设计出来的商标图案的所有权归属于本公司，并明确约定保密责任和违约责任
通过广告宣传形式向社会征集商标	◇ 应在知识产权管理办公室确定后，通过发布电视广告、网络广告及其他新媒体广告进行宣传；对外发布相关信息和要求，明确经过评审入围作品的设计者可以获得相应的报酬或奖励，该设计的商标归属于本企业所有；在设计者签字确认“商标权属状态声明书”后，才可将该商标图案作为公司商标申请注册和使用

（续）

第 8 条 商标设计要求。

商标的设计，应符合国家商标法律的要求，不违反公序良俗，便于公司的产品和服务的对外宣传，有利于促进公司驰名商标的战略实施。

第 4 章 商标注册申请

第 9 条 确定公司商标战略。

（1）根据国家商标法的规定，公司结合产品及服务的需要，由知识产权管理办公室报主管领导确定公司的商标整体战略。

（2）除试产、试销、影响不大、前途不明、即将放弃生产的产品外，公司的产品应当有商标，而且应当注册。推出一个新产品或者一项新服务前，应做好充分的可行性论证，并明确商标的战略，原则上应当商标注册先行。

（3）公司应采取有效措施，防止出现本公司使用的商标被他人抢先注册的情形。

第 10 条 明确商标注册范围。

根据产品的销售范围及今后的发展，确定商标注册的地域范围。对于今后有可能出口的产品，在征询销售部门的意见后提前向销售所在地的国家（或者地区）申请商标注册。出口产品应实施“产品未动，商标先行”的注册战略；商标未注册前，不进行广告宣传、不销售商品。

第 11 条 商标注册过程中的异常情况处理。

（1）对商标注册申请过程中出现的异常情况，如异议、被初步驳回、不受理等，应及时向主管领导汇报，采取有效措施予以解决。

（2）对于有可能被他人在其他商品类别将本公司注册商标另行注册而造成混淆的，公司应考虑采取申请“一揽子”的群体商标、相似商标方式解决。

第 5 章 商标使用管理

第 12 条 商标的分类管理。

公司将商标划分为注册商标、未注册商标，进行分类管理。对于注册商标实施严格的日常跟踪管理；对于未注册商标采取动态跟踪管理。

第 13 条 商标的使用过程管理。

（1）对所注册的商标在使用过程中做到注册商标与印制商标标识完全一致，不得擅自改变其组合与图案。对于注册商标，必须在国家商标局核定使用的范围内使用，不得超出核定使用的范围使用注册商标。

（2）如确实需要扩大注册商标的使用领域，应通过申报的形式由公司知识产权管理办公室确定后，采取新注册商标的形式解决，不得在未核定使用的商品或服务范围使用注册商标并打上注册标记。

（3）使用未注册商标，不得在商标上加上注册标记。使用未注册商标的产品或服务经过一定时间的宣传，产品或服务已经在一定地域范围具有相应的知名度，且产品或服务有发展前景时，必须立即申请商标注册。

（续）

（4）对注册商标的使用，应建立商标日常管理制度。广告宣传、销售、财务等机构，对于注册商标的信息应当及时反馈给公司知识产权管理办公室。

（5）根据国家商标局的规定，连续三年不使用的注册商标将有可能被依法撤销。对公司的注册商标，应每年进行内部检查，列出存在的问题并作出整改措施。在注册期届满前，应及时进行续展。

（6）经公司知识产权管理办公室同意，通过谈判协商许可他人使用本公司的注册商标，必须有严格的产品和服务质量保障，以及商标使用的最低数量限度要求。商标使用许可合同应当报国家商标局备案。

第14条　商标权投资管理。

（1）公司以商标权投资，必须在有关投资文件中明确商标投资方式，商标作价数额，使用商标的商品品种、数量、时限及区域，商标收益分配、商标许可使用的税费承担，公司终止后商标的归属等内容。

（2）对外合作，对方以注册商标使用权投资或者投资中含注册商标为条件的，应对其注册商标加以评估，在评估基础上综合考量后确定价格。我方以注册商标使用权为合作条件或者转让注册商标时，应在协商一致的前提下，通过评估后确定价格。

第15条　商标标识的管理。

（1）商标标识由专人保管，并建立商标标识台账，废、次商标需销毁时，先报主管领导签字，再由商标管理人员处理。处理记录不仅要有纸质记录，更应该进行电子存档。

（2）任何人不得私自处理商标标识，未经批准盗取商标标识的行为属于非法行为，公司将依规定严肃处理；情节严重的，可报请有关部门依法追究其刑事责任。

第16条　商标档案管理。

（1）收集与商标注册相关的文件（包括设计过程、设计说明、设计日期、申请日期等）。

（2）收集整理保护商标专用权等材料（包括商标案件投诉材料，执法机关检查和处理情况等）。

（3）收集整理商标的使用记录以及用于宣传商标的广告等材料。

第17条　商标宣传管理。

（1）公司确定商标行为与经营行为统一，商标信誉与公司信誉统一，商标优势与公司优势统一的“三统一”发展战略，积极培育商标信誉高的驰名商标。

（2）公司进行产品或服务宣传，应突出产品或服务的商标标识，努力培育在国内外同行业中有影响的知名商标和世界驰名商标。

第6章　商标权的保护

第18条　公司商标注册信息、使用信息及商标策略等是公司的商业秘密，员工应依照商业秘密保守规则予以保密。

第19条　公司在经营管理中，发现有侵犯或可能侵犯本公司注册商标的行为时，应及时向公司的有关职能部门汇报，对于严重的商标侵权行为，应在公司知识产权管理办公室的统一指挥下采取应对措施。

（续）

第20条　公司积极协助行政执法机关和司法机关打击假冒侵权行为，并将打假活动的相关资料留存入档，以维护公司的合法权益。 第21条　公司对于保护商标权益工作做出重大贡献的人员给予适当的精神和物质奖励；对于侵犯公司商标权的人员或者严重失职者，依法给予处分。 **第7章　附则** 第22条　本制度未尽之规定，以最大限度保护本公司注册商标为原则进行处理。 第23条　本制度由知识产权管理办公室负责解释。 第24条　本制度自颁布之日起实施。					
编制日期		审核日期		批准日期	
修改标记		修改处数		修改日期	

12.2.2　企业商标管理表单

1. 商标使用申请审批表

填表日期：____年__月__日

申请部门			
联 系 人		联系电话	
商标名称			
商标内容			
使用要求			
评审意见			
申请部门领导审批			
技术质量部领导审批			
技术总监审批			

注：每项必须填写，注册登记号若无，可不填。

2. 企业商标管理使用情况信息表

<table>
<tr><td>注册商标名称</td><td colspan="2"></td><td>注册时间</td><td></td></tr>
<tr><td>商标注册持有人</td><td colspan="4"></td></tr>
<tr><td>商标核准种类</td><td colspan="4"></td></tr>
<tr><td>企业名称</td><td colspan="2"></td><td>法定代表人</td><td></td></tr>
<tr><td>经营地址</td><td colspan="2"></td><td>联系电话</td><td></td></tr>
<tr><td rowspan="3">商标使用及注册情况</td><td colspan="4">（拥有注册商标的件数及注册号）</td></tr>
<tr><td colspan="4">（正在办理商标注册申请情况）</td></tr>
<tr><td colspan="4">（已在使用的商标还未办理商标注册申请的情况）</td></tr>
<tr><td>行业类别</td><td colspan="4"></td></tr>
<tr><td rowspan="2">产品销售网络</td><td>国内</td><td colspan="3"></td></tr>
<tr><td>国外</td><td colspan="3"></td></tr>
<tr><td>年产值利税情况</td><td colspan="4"></td></tr>
<tr><td rowspan="2">经许可使用他人注册商标的情况</td><td colspan="4">（经许可使用他人的商标名称、注册号、期限）</td></tr>
<tr><td colspan="4">（经许可使用他人商标的商品或服务类别）</td></tr>
<tr><td>国外注册情况</td><td colspan="4">（何时何地注册，注册号）</td></tr>
<tr><td rowspan="2">贴牌加工情况</td><td>贴牌加工的商标名称</td><td colspan="3"></td></tr>
<tr><td>贴牌加工的委托方名称</td><td colspan="3"></td></tr>
<tr><td>商标被侵权情况</td><td colspan="4">（何时何地被侵权假冒）</td></tr>
<tr><td>创品牌情况</td><td colspan="4"></td></tr>
<tr><td>商标图形</td><td colspan="4"></td></tr>
</table>

12.3 技术合同管理制度与表单

12.3.1 技术合同管理制度

以下是某公司的技术合同管理制度，供读者参考。

<table>
<tr><td rowspan="2">制度名称</td><td colspan="3" rowspan="2">技术合同管理制度</td><td>受控状态</td><td></td></tr>
<tr><td>编　　号</td><td></td></tr>
<tr><td>执行部门</td><td></td><td>监督部门</td><td></td><td>编修部门</td><td></td></tr>
</table>

第1章　总则

第1条　目的

为加快科技发展，使本公司的技术合同管理法制化、规范化，使公司的知识产权和发明创造人的合法权益受到有效维护，根据国家相关法律法规的规定，特制定本制度。

第2条　适用范围

本制度适用于本公司职务技术成果的转让（专利申请权、专利权、专利许可权、技术秘密和其他非专利技术）、技术开发（委托、合作开发）、技术服务、技术咨询、技术培训、技术引进、技术消化、技术创新及技术产品销售等技术合同（或契约或协议）。

第3条　技术合同的归口管理部门

本公司技术合同归口管理部门为知识产权管理部。

第4条　技术合同的类型

技术合同的类型包括以下四种。

（1）技术开发合同（包括委托开发、合作开发合同）。

（2）技术转让合同（包括专利权转让、专利申请权转让、技术秘密转让、专利实施许可合同）。

（3）技术服务合同。

（4）技术咨询合同。

第2章　技术合同的订立与履约管理

第5条　技术合同的订立

技术合同的订立，必须遵守《中华人民共和国合同法》及相关法律法规，合同双方当事人应本着“自愿、平等、互利、有偿和诚实信用”的原则订立合同。技术合同一经生效，应严格履行。

第6条　技术合同的格式

技术合同的订立、变更和解除一律采用书面形式。不同类型的技术合同原则上应采用相对应的、由国家有关部门统一制定的格式文本。

（续）

第7条 技术合同的编制

（1）合同项目负责人到知识产权管理部领取统一合同表格，提出技术合同文本。

（2）我方合同项目负责人与对方共同协商，写出合同书初稿，经对方同意后，项目负责人填写"技术合同审批单"，并同时提供转让的可行性、咨询服务的准确性、实施的可能性等论证材料，由知识产权管理部和主管领导人审查通过后方可签定合同。

第8条 技术合同的签订

（1）技术合同经当事双方法定代表人、委托代理人签字并加盖公章后生效。

（2）对方为自然人的，由该自然人签字并注明其身份证号码、住所地等方可生效。

（3）在合同书中，由合同项目负责人作为我方"委托代理人"签字，使用本公司公章，"法定代表人"处加盖法人名章。

（4）无本单位书面授权，除本单位公章外的其他盖章一律无效。

第9条 技术合同备案

（1）所签定合同应根据有关规定报知识产权管理部备案，同时进行编号与复印，便于查询。

（2）合同项目负责人不得随意更换。合同项目负责人若遇出国、培训、病休等特殊情况可能影响合同进度的，合同项目负责人应安排合适人选继续履行合同，并写出书面报告报知识产权管理部门备案。

第3章 技术合同主要内容管理

第10条 技术合同条款

订立技术合同，应明确下列主要条款。

（1）项目名称。

（2）合同主体：一方必须是本公司。

（3）项目内容、范围、技术要求。

（4）技术信息和资料，要求提交的期限、地点和方式。

（5）履行合同的计划、进度、期限、地点和方式。

（6）双方当事人的权利和义务。

（7）技术秘密的范围和保密期限。

（8）技术成果所有权的界定、归属和分享比例。

（9）承担风险责任的界定。

（10）项目验收的技术标准、方式。

（11）技术使用费或报酬的价款、支付方式和时间。

（12）违约金或损失赔偿的计算方法。

（13）后续技术改进的提供、技术所有权归属的份额、经费来源。

（14）争议的解决办法、方式。

（续）

(15) 名词和术语等的界定、解释。

(16) 合同的有效期。

第 11 条 技术合同的价款及支付方式

(1) 技术费用的计价，取决于技术的先进性、经济性、社会性、实用性，也取决于技术本身的复杂程度、投资额度的大小，更取决于该技术的经济效益，由合同双方当事人及法人代表协商确定。

(2) 技术合同的价款应包含但不限制于下列八项费用。

①原材料、仪器设备、外协加工、测试、资料、差旅及其他需实际支出的费用。

②人工费。

③水、电、气等能源消耗费。

④设备折旧费。

⑤公共条件费。

⑥管理费。

⑦技术使用费。

⑧税费等。

(3) 技术合同的支付方式可参考下列方式之一支付。

①一次总算、一次总付。

②一次总算、分期支付。

③提成支付。

④提成支付附加预付入门费。

第 4 章 技术入股管理

第 12 条 技术入股形式管理

凡我公司职务技术成果以技术入股形式与合作单位成立股份有限公司或有限责任公司（以下简称“公司”）的，由知识产权管理部归口管理。相关负责人就技术入股事项写出书面报告，经知识产权管理部签署意见后，报主管领导批准。

第 13 条 技术入股费用管理

技术入股的操作，应按国家及地方有关规定办理，所发生的费用，由我公司承担。

第 14 条 技术入股人员管理

我方在公司任职的管理人员由相关部门和主管领导共同协商拟定人选，并报领导批准。

第 15 条 技术入股协议管理

(1) 在成立公司的协议中可以约定归属我方的技术股份为单位法人股，有杰出贡献的技术发明人也可占个人股。

(2) 个人股占我方技术总股份的比例，参照本公司现行知识产权奖励办法中的提成比例确定。个人股直接参与公司的分红；同时，公司法人股的收益不再奖励给个人。

（续）

<table>
<tr><td colspan="6">第5章 附则
第16条 本制度在执行过程中如有与国家法律、法规相抵触的，以国家法律、法规为准
第17条 本制度由本单位知识产权管理部负责解释
第18条 本制度自下发之日起执行</td></tr>
<tr><td>编制日期</td><td></td><td>审核日期</td><td></td><td>批准日期</td><td></td></tr>
<tr><td>修改标记</td><td></td><td>修改处数</td><td></td><td>修改日期</td><td></td></tr>
</table>

12.3.2 技术合同管理表单

1. 技术合同审批表

编号：

<table>
<tr><td>合同名称</td><td colspan="4"></td></tr>
<tr><td>签订人</td><td colspan="2"></td><td>签订费用</td><td></td></tr>
<tr><td>承办部门</td><td colspan="2"></td><td>承办人</td><td></td></tr>
<tr><td>承办部门意见</td><td>签字盖章</td><td>法务处意见</td><td colspan="2">签字盖章</td></tr>
<tr><td>法律顾问批准</td><td>签字盖章</td><td>总经理意见</td><td colspan="2">签字盖章</td></tr>
</table>

2. 技术交易合同登记表

<table>
<tr><td>项目名称</td><td colspan="6"></td></tr>
<tr><td>买方名称</td><td colspan="3"></td><td colspan="2">买方代码</td><td></td></tr>
<tr><td>买方地区</td><td colspan="6">省　　市　　区</td></tr>
<tr><td>买方类别</td><td colspan="6">□国有企业 □集体企业 □私营企业 □有限责任公司 □股份有限公司
□外商投资企业 □科研机构 □技术贸易机构 □个体经营
□其他</td></tr>
<tr><td>通信地址</td><td colspan="2">省　　市　　区　　大街　　号</td><td>邮编</td><td></td><td>电话</td><td></td></tr>
<tr><td>法定代表人</td><td colspan="2"></td><td>邮件</td><td></td><td>传真</td><td></td></tr>
<tr><td>合同类别</td><td colspan="6">□技术开发 □技术转让 □技术咨询 □技术服务</td></tr>
<tr><td>计划类别</td><td colspan="6">□国家、部委计划 □省、自治区、直辖市及计划单列市 □地、市、县
□计划外</td></tr>
<tr><td>技术领域分类</td><td colspan="6">□信息技术 □生物工程与新医药 □光（机）电一体化 □新材料
□环保与资源综合利用 □农业生产技术（普通）□建筑工程及监理
□军事国防、航天及核工业 □能源及交通 □其他</td></tr>
<tr><td>社会经济领域分类</td><td colspan="6">□陆地、海洋和大气的开发与评价 □民用宇宙空间 □农业、林业和渔业的发展
□促进工业的发展 □能源的生产、储存和分配 □交通、通信事业的发展
□教育事业的发展 □卫生事业的发展 □社会发展和社会经济服务 □环境保护
□知识的全面发展 □其他目标（民用）□国防</td></tr>
<tr><td>合同成交总金额</td><td>元</td><td>金额支付方式</td><td colspan="4">□一次性支付 □分期支付 □提成支付</td></tr>
<tr><td>其中技术交易额</td><td>元</td><td>合同生效日期</td><td colspan="4">____年__月__日</td></tr>
<tr><td>合同签订日期</td><td>____年__月__日</td><td>合同终止日期</td><td colspan="4">____年__月__日</td></tr>
<tr><td rowspan="8">类别</td><td>□技术秘密</td><td colspan="2">□独占 □分享 □不明确</td><td colspan="3">□开发 □转让 □使用</td></tr>
<tr><td>□发明专利</td><td colspan="2">□申请权 □专利权 □实施许可</td><td colspan="3">□已申请 □以获取 □已失效</td></tr>
<tr><td>□实用新型</td><td colspan="2">□申请权 □专利权 □实施许可</td><td colspan="3">□已申请 □以获取 □已失效</td></tr>
<tr><td>□外观专利</td><td colspan="2">□申请权 □专利权 □实施许可</td><td colspan="3">□已申请 □以获取 □已失效</td></tr>
<tr><td>□计算机软件</td><td colspan="2">□专用软件 □商用软件</td><td colspan="3">□未注册 □注册中 □已注册</td></tr>
<tr><td>□生物新品种</td><td colspan="2">□动物 □植物 □微生物 □其他</td><td colspan="3">□未注册 □注册中 □已注册</td></tr>
<tr><td>□其他</td><td colspan="2">□其他</td><td colspan="3">□其他</td></tr>
<tr><td>填写说明</td><td colspan="2">技术服务、技术咨询选“其他”项</td><td colspan="3">技术开发、技术转让任选一项</td></tr>
<tr><td>注册登记号</td><td colspan="6"></td></tr>
</table>

第13章

技术研发类人力资源管理制度与表单

13.1 技术研发人员招聘管理制度与表单

13.1.1 技术研发人员招聘制度

以下是某公司的技术研发人员招聘制度，供读者参考。

制度名称	技术研发人员招聘制度			受控状态	
				编　　号	
执行部门		监督部门		编修部门	

第1章　总则

第1条　目的

为满足技术研发部的人员需求，规范招聘录用流程，确保招聘质量，结合公司的实际情况，特制定本制度。

第2条　适用范围

本制度适用于公司技术研发部人员招聘工作。

第3条　职责分工

人力资源部全面负责公司员工招聘工作，其主要职责有以下六点。

（1）负责制订和完善招聘制度及招聘流程。

（2）负责制订招聘计划并组织实施。

（3）监控招聘过程，制定评估招聘效果标准。

（4）提供招聘选拔技术与工具，实施人员测评。

（5）参与面试、背景调查，为用人部门的录用提供建议。

（6）办理录用人员体检、劳动合同签订等各项手续。

技术研发部负责对应聘者的专业知识、技能等进行考核，与人力资源部协商后作出录用决策。

第2章　招聘需求分析

第4条　人员需求来源

人员需求来源如下。

（1）编制内员工离职造成缺编需要补充。

（2）因部门发展需要扩充岗位或人员编制。

（3）为适应公司经营发展，进行管理人员和技术人员的储备。

（4）引进特殊（专业技术型）、高级人才。

（5）其他经公司总经理特批的人员需求。

（续）

第5条 招聘需求评估

当人力需求产生后，技术研发部应进行深入的评估，确定是否需要增补人员，具体评估内容如下所述。

（1）评估是否可以通过对本部门人员整合或知识技能的训练来满足人力需求。

（2）评估是否可以通过对本部门内部岗位职能的整合来满足人力需求。

（3）评估是否可以通过对技术革新、流程改造、工作方式的改进来满足人力需求。

当通过以上三项评估仍不能满足人力需求时，技术研发部可向人力资源部提出人员需求申请。

第6条 人员需求申请

（1）技术研发部根据年度部门发展计划、员工调动等确定需要新增人员时，填写“人员需求表”，并提交给人力资源部。

（2）人力资源部对人员需求进行评估，交有关领导审批后组织实施人员招聘工作。

（3）计划内的人员需求须经部门负责人、人力资源部经理审批。

（4）计划外的人员需求须报公司总经理审批。

第3章 招聘实施

第7条 招聘人员的素质要求

招聘人员的素质要求如下。

（1）具有良好的个人修养与品格，并善于与人沟通。

（2）客观、公正，不因个人喜好影响对应聘者的评价。

（3）对公司组织结构、各部门情况、人力资源制度、薪资福利情况等有深入的了解。

（4）了解应聘岗位的工作职责、任职资格和相关特殊要求。

（5）掌握相关面试技巧和测评技术。

（6）对应聘者保持统一口径。

第8条 招聘渠道选择

人力资源部根据人员需求请款，选择合适的招聘渠道和方式实施招聘工作。公司常用招聘渠道包括校园招聘会、各地的人才招聘会、微信招聘、微博招聘、猎头公司、APP招聘等。

第9条 人员选拔

1. 简历筛选

人力资源部通过各种渠道收集整理应聘人员简历，根据岗位任职资格对简历进行初步筛选。

2. 初试（机试）

初试主要考察应聘者的专业知识、技术技能、基础能力等，为简化招聘程序、提升效率，在采用网络招聘方式时，可以在简历投递环节之后就进行测评环节。初试结束后，由人力资源部招聘主管组织阅卷评分，并确定参加面试的人员。

（续）

3. 面试

（1）在初次面试之时可采用电话面试、视频面试等特殊面试方式，这样操作更加方便快捷，更节约时间成本。

（2）面试主要是对应聘者的职业性格因素、个人品格、履历、身份和学历等各类证明材料、离职原因、求职动机、待遇要求等方面进行考察、核实。

（3）面试由人力资源部组织开展，面试结果记录于“面试评定表”内。

4. 复试

（1）招聘负责人配合技术研发部经理对初次面试合格者进行复试，主要考察应聘者的实际工作技能与岗位的匹配程度。

（2）技术研发部复试完毕，面试官应将评语及意见记录于“面试评定表”上。

（3）一般岗位的应聘者在参加完复试之后即可得知是否被录用。

（4）经理级（含同级技术岗位）以上岗位须由公司总经理进行最后面试，其面试人数一般为计划招聘人数的两倍左右。

第 4 章　招聘实施

第 10 条　录用通知

（1）人力资源部于一周内向面试合格的人员发送录用通知，告知报到时间和所需准备的资料等。

（2）所需资料包括四张一寸免冠照片、身份证原件和复印件、学历证明原件和复印件、职称证明原件和复印件。

第 11 条　办理入职手续

（1）所有经招聘录用的新职员正式上班当日应先向人力资源部报到，若在发出录用之后 15 日内不能按时报到者，公司有权取消其录用资格；特殊情况经批准后可延期报到。

（2）报到时，人力资源部对各类证件进行审核登记，并将原件归还本人。

（3）人力资源部代表公司同新员工签订劳动合同，劳动合同一式两份，一份由人力资源部存档，一份交新员工自留。新员工合同期限一般为一年（试用期一般为两个月）。

（4）被录用员工在办妥入职手续之后，领取相关办公用品，进入试用期。

（5）新员工报到后一个月内，人力资源部为其办理社保等。

第 5 章　附则

第 12 条　本制度由公司人力资源部与技术研发部共同制定，其解释权归人力资源部所有

第 13 条　本制度自颁布之日起执行

编制日期		审核日期		批准日期	
修改标记		修改处数		修改日期	

13.1.2 技术研发人员招聘表单

1. 人员需求申请表

填写日期：____年__月__日

<table>
<tr><td colspan="2">申请部门</td><td colspan="3"></td><td>部门经理</td><td></td></tr>
<tr><td colspan="2">岗位名称</td><td colspan="3"></td><td>直接上级</td><td></td></tr>
<tr><td colspan="2">申请人数</td><td></td><td>原有人数</td><td></td><td>拟到岗时间</td><td></td></tr>
<tr><td colspan="2">职务类别</td><td colspan="5"></td></tr>
<tr><td colspan="2">申请原因</td><td colspan="5"></td></tr>
<tr><td colspan="2">拟核工资</td><td colspan="5">试用期间工资____元，转正后工资____元</td></tr>
<tr><td rowspan="6">聘用人员条件</td><td>性别</td><td></td><td>年龄</td><td colspan="3">最低：____岁　最高：____岁</td></tr>
<tr><td>教育程度</td><td colspan="5"></td></tr>
<tr><td>专业要求</td><td colspan="5"></td></tr>
<tr><td>特别技能</td><td colspan="5"></td></tr>
<tr><td>工作经验要求</td><td colspan="5"></td></tr>
<tr><td>其他要求</td><td colspan="5"></td></tr>
<tr><td colspan="2">部门经理意见</td><td colspan="5"></td></tr>
<tr><td colspan="2">人力资源部意见</td><td colspan="5"></td></tr>
<tr><td colspan="2">主管领导意见</td><td colspan="5"></td></tr>
</table>

2. 面试评定表

应聘者		年龄		学历		学历	
应聘岗位		主考官		毕业学校		面试地点	
现行工资		期望工资		可提供工资		确认工资	
拟受聘岗位		拟确定级别		拟录用时间			
总体评价							
部门经理意见							
人事部门意见							
领导意见							
备注	此表由主考官征求招聘小组意见后填写						

13.2　技术研发人员绩效考核制度与表单

13.2.1　技术研发人员绩效考核制度

以下是某公司的技术研发人员绩效考核制度，供读者参考。

<table>
<tr><td rowspan="2">制度名称</td><td rowspan="2" colspan="3">技术研发人员绩效考核制度</td><td>受控状态</td><td></td></tr>
<tr><td>编　　号</td><td></td></tr>
<tr><td>执行部门</td><td></td><td>监督部门</td><td></td><td>编修部门</td><td></td></tr>
</table>

第 1 章　总则

第 1 条　目的

为加强对技术研发部的管理，提高技术研发人员的工作积极性和工作绩效，确保公司经营活动顺利进行，特制定本制度。

第 2 条　适用范围

本制度适用于对公司技术研发部的考核管理。

第 2 章　技术考核职责分工与工作要求

第 3 条　职责分工

技术研发部考核工作分工如下表所示。

技术研发部考核工作分工对照表

<table>
<tr><th>考核对象</th><th>考核小组成员</th><th>评分权重</th><th>审批人</th><th>组织者</th><th>考核频率</th></tr>
<tr><td rowspan="2">部门</td><td>其他部门</td><td>40%</td><td rowspan="2">公司总经理</td><td rowspan="2">人力资源部</td><td rowspan="7">半年度/年度</td></tr>
<tr><td>技术研发部主管领导</td><td>60%</td></tr>
<tr><td rowspan="2">技术研发部经理</td><td>技术研发部主管领导</td><td>60%</td><td rowspan="2">公司总经理</td><td rowspan="2">人力资源部</td></tr>
<tr><td>技术研发部人员</td><td>40%</td></tr>
<tr><td rowspan="3">技术研发部各主管</td><td>技术研发部经理</td><td>40%</td><td rowspan="3">技术研发部主管领导</td><td rowspan="3">人力资源部</td></tr>
<tr><td>其他主管</td><td>30%</td></tr>
<tr><td>下属人员</td><td>30%</td></tr>
<tr><td rowspan="2">技术研发部各专员</td><td>上级主管</td><td>70%</td><td rowspan="2">技术研发部经理</td><td rowspan="2">人力资源部</td><td rowspan="2">月度/半年度/年度</td></tr>
<tr><td>同级同事</td><td>30%</td></tr>
<tr><td>备注</td><td colspan="5">人力资源部是绩效考核工作的归口管理部门，负责各部门（包括技术研发部）的绩效考核培训、监督实施、结果统计与分析、申诉处理等工作</td></tr>
</table>

（续）

第 4 条　绩效考核的工作要求

（1）目标要求明确、量化、可行。

（2）对绩效目标的完成情况要求定期评估、考核，并进行绩效面谈与辅导。

（3）绩效考核的结果定期公布。

（4）目标制定、绩效评估、绩效考核要经考评小组集体讨论通过，具体的面谈、辅导由直接主管一对一进行。

（5）参加评估、考核的人员，在结果未获得批准前，不准泄露任何信息；在结果获得批准后，不准泄露讨论过程。

第 3 章　考核对象、目标及内容设定

第 5 条　考核对象

公司规定部门个人半年度、年度考核对象为除下列员工以外的部门所有员工。

（1）新入职员工。

（2）在部门全年工作时间不足 6 个月的员工。

（3）因其他特殊原因经公司批准可不参加年度考核的员工。

第 6 条　考核目标制定的原则

（1）导向原则，依据公司总体目标和部门目标层层分解，设立个人目标。

（2）SMART 原则，即目标要具体（specjfic）、可衡量（measurable）、可达到（attainable）、相关的（relevant）、有时间限定（time-based）。

（3）目标数量适中原则，目标不要太多，最多 6～8 个。

第 7 条　考核内容

技术研发部考核内容请参照下表。

技术研发部考核内容一览表

考核对象	考核内容		考核频率
部门	（1）部门工作计划完成情况 （2）部门人员管理 （3）与其他部门合作情况		半年度/年度
技术研发部各级人员考核	工作业绩	（1）部门、团队、个人绩效指标完成情况 （2）工作计划制订、完成情况	项目结束/年度
	工作态度	出勤情况，相关制度规定的执行情况、工作主动性等	月度/半年度/年度
	工作能力	岗位知识、技能掌握情况、学习能力、沟通能力、领导能力、组织协调能力等	半年度/年度

（续）

第4章 考核实施

第8条 技术研发部专员、主管考核实施流程

人力资源部对技术研发主管和专员进行月度、半年度、年度考核，其考核流程如下。

（1）技术研发部与人力资源部根据部门实际工作要求，就当期主要工作任务、考核标准、指标权重等内容进行讨论，制定“绩效考核表”，交技术研发部主管副总批准后实施。

（2）人力资源部向技术研发部经理、其他主管及其下属人员等发放技术研发部主管的“绩效考核表”，向技术研发部主管及其他同级同事发放技术研发部专员的“绩效考核表”。

（3）相关人员根据技术研发部主管、技术研发部专员的工作表现填写考核表。

（4）人力资源部汇总考核表，统计、计算考核得分，并将考核结果报相关领导审批。

（5）人力资源部将审批后的考核结果向被考核者公开。

（6）被考核者与直接领导进行考核沟通，提出工作改进计划。

第9条 技术研发部经理考核实施流程

人力资源部对技术研发部经理进行半年度、年度考核、其考核流程如下。

（1）技术研发部主管领导与技术研发部根据公司经营计划和部门实际工作要求，就技术研发部经理当期主要工作任务、考核标准、指标权重等内容进行讨论，共同制定“绩效考核表”，交人力资源部审核，经公司总经理批准后实施。

（2）人力资源部向技术研发部主管领导、部门人员发放技术研发部经理“绩效考核表”。

（3）相关人员根据技术研发部经理的工作表现填写考核表。

（4）人力资源部汇总考核，统计、计算考核得分，并将考核结果报公司总经理审批。

（5）人力资源部将经审批后的考核结果向技术研发部经理公开。

（6）技术研发部主管领导与技术研发部经理进行考核沟通，提出工作改进计划。

第10条 部门考核实施流程

（1）人力资源部向技术研发部主管领导及其他部门发放部门考核表。

（2）技术研发部主管领导及其他部门根据实际情况填写技术研发部考核表。

（3）人力资源部汇总考核表并计算部门考核得分。

（4）人力资源部将考核结果上报公司总经理审批后，向技术研发部公布。

第5章 考核结果管理

第11条 部门考核结果运用

部门绩效考核结果将作为个人半年度、年度考核的内容之一，以不同的权重计入个人的半年度、年度考核结果，具体如下表所示。

（续）

部门考核得分占个人考核得分权重一览表

职级	部门考核得分占个人考核得分权重
技术研发部经理	30%
技术研发部主管	20%
技术研发部专员	10%

第12条　考核结果分级

根据考核成绩，人力资源部将员工考核的结果分为五个等级，具体如下表所示。

技术研发部员工考核评级标准对照表

评分等级	占部门人员比例
E（不合格）	5%
D（基本称职）	25%
C（称职）	45%
B（良好）	20%
A（优秀）	5%

第13条　部门人员考核结果运用

部门人员考核结果将影响员工的岗位晋升与降级、工资等级升降、奖金分配、培训机会等。

（1）年终奖金发放。奖金基数视人力资源部制定的部门奖金管理制度而定，奖金系数根据考核结果确定。

（2）绩效改进。对于考核结果排在后5%的员工，公司需与其签订下一季度的绩效目标，要求其限期改进绩效；对于连续两次考核排名在后5%的员工，公司将予以辞退。

第6章　附则

第14条　本制度由公司人力资源部编制，其解释权归人力资源部所有

第15条　本制度自颁布之日起实施

编制日期		审核日期		批准日期	
修改标记		修改处数		修改日期	

13.2.2 技术研发人员绩效考核表单

1. 月度考核表

<table>
<tr><td>姓名</td><td colspan="2"></td><td>所在部门</td><td></td><td>岗位</td><td></td></tr>
<tr><td>考核期</td><td colspan="6">____年__月__日到____年__月__日</td></tr>
<tr><td>考核指标</td><td>权重</td><td colspan="3">评价标准</td><td>分值</td><td>得分</td></tr>
<tr><td></td><td></td><td colspan="3"></td><td></td><td></td></tr>
<tr><td></td><td></td><td colspan="3"></td><td></td><td></td></tr>
<tr><td></td><td></td><td colspan="3"></td><td></td><td></td></tr>
<tr><td colspan="2">最后考核得分</td><td colspan="3"></td><td>评定等级</td><td></td></tr>
<tr><td>考评者评语</td><td colspan="6">签名：
日期：____年__月__日</td></tr>
<tr><td>复核者意见</td><td colspan="6">签名：
日期：____年__月__日</td></tr>
</table>

2. 绩效考核面谈表

<table>
<tr><td colspan="2">姓　　名</td><td colspan="2"></td><td colspan="2">岗　　位</td><td></td></tr>
<tr><td colspan="2">部　　门</td><td colspan="2"></td><td colspan="2">考 核 者</td><td></td></tr>
<tr><td colspan="2">面谈时间</td><td colspan="2"></td><td colspan="2">面谈地点</td><td></td></tr>
<tr><td colspan="2">考核结果</td><td colspan="5"></td></tr>
<tr><td colspan="7">面谈情况记录</td></tr>
<tr><td colspan="2">面谈内容</td><td colspan="5">面谈情况记录</td></tr>
<tr><td colspan="2"></td><td colspan="5"></td></tr>
<tr><td colspan="7">绩效改进计划</td></tr>
<tr><td>序号</td><td>改进事项</td><td colspan="2">改进目标</td><td colspan="2">措　　施</td><td>所需支持</td></tr>
<tr><td>1</td><td></td><td colspan="2"></td><td colspan="2"></td><td></td></tr>
<tr><td>2</td><td></td><td colspan="2"></td><td colspan="2"></td><td></td></tr>
<tr><td>3</td><td></td><td colspan="2"></td><td colspan="2"></td><td></td></tr>
<tr><td colspan="2">考核者</td><td></td><td>被考核者</td><td></td><td>日期</td><td></td></tr>
</table>

13.3 技术研发人员合同管理制度与表单

13.3.1 劳动合同管理制度

以下是某公司的劳动合同管理制度，供读者参考。

<table>
<tr><td rowspan="2">制度名称</td><td colspan="3" rowspan="2">劳动合同管理制度</td><td>受控状态</td><td></td></tr>
<tr><td>编　　号</td><td></td></tr>
<tr><td>执行部门</td><td></td><td>监督部门</td><td></td><td>编修部门</td><td></td></tr>
</table>

第1章　总则

第1条　为规范公司的经营与管理，保障公司与员工的合法权益，依据国家相关法律法规，并结合本公司的实际情况，特制定本制度。

第2条　根据《中华人民共和国劳动合同法》以及有关法律、法规的规定，经公司与员工双方平等自愿、协商一致，共同签订劳动合同并履行合同所列条款。

第3条　公司与员工建立劳动关系时，一律签订劳动合同。

第4条　公司应当依法保障员工的合法权益，关心爱护员工。员工应当服从公司的各项管理规定，自觉履行劳动义务。

第2章　管理责任

第5条　公司法定代表人授权公司技术总监与公司技术人员签订劳动合同。

第6条　人力资源部作为公司劳动合同的归口管理部门，对劳动合同管理负主要责任。

第7条　劳动关系专员负责处理与劳动合同相关的事宜。

第3章　劳动合同的内容

第8条　劳动合同基本内容一般包括公司名称、公司注册地址及员工姓名、性别、出生日期、身份证号码、所任职位等。

第9条　劳动合同的基本条款必须包括但不限于下列十项内容。

（1）劳动合同期限。

（2）工作内容。

（3）劳动保护和劳动条件。

（4）劳动报酬。

（5）社会保险。

（6）劳动纪律。

（7）劳动合同终止的条件。

（续）

（8）违反劳动合同的责任。

（9）双方约定的保守公司商业秘密和竞业禁止事项。

第 4 章　劳动合同期限

第 10 条　本公司劳动合同为有固定期限合同，分为短期合同、中期合同和长期合同。

（1）短期合同，期限为一年。

（2）中期合同，期限为三年。

（3）长期合同，期限为五年。

第 11 条　新招聘的人员均实行试用期，试用期限规定如下。

（1）劳动合同期限三个月以上不满一年的，试用期为一个月。

（2）劳动合同期限一年以上不满三年的，试用期为两个月。

（3）三年以上固定期限的劳动合同，试用期不得超过六个月，视具体岗位而定。

第 5 章　劳动合同的签订

第 12 条　劳动合同应当以书面形式订立。

第 13 条　订立劳动合同时，公司应向职工说明本公司情况、岗位用人要求和岗位职业危害。为订立劳动合同，职工可向市劳动保障部门咨询或向公司工会寻求帮助。

第 6 章　劳动合同的变更、解除和终止

第 14 条　有下列情形之一的，劳动合同终止。

（1）劳动合同期限届满　当事人有一方不同意续签劳动合同或者当事人约定的劳动合同终止条件出现。

（2）员工退休或者退职。

（3）员工死亡、宣告死亡或者宣告失踪。

（4）出现其他法定的终止条件。

第 15 条　有下列情形之一的，经双方协商同意，可变更劳动合同内容。

（1）签订劳动合同依据的法律法规及规章发生变化。

（2）签订劳动合同时所依据的客观情况发生重大变化，致使劳动合同无法履行。

（3）经上级批准，本公司的工作任务和经营方向发生重大变化。劳动合同变更后，未变更的部分仍然有效。变更劳动合同应当采取书面形式。

第 16 条　有下列情况之一的，公司可以解除劳动合同，但应提前 30 日以书面形式通知员工。

（1）员工不能胜任工作，经过培训或调整工作，仍不能胜任工作。

（2）员工因病或非因工负伤，医疗期满不能从事原工作或经调整后仍不能正常工作。

第 17 条　员工有下列情形之一的，公司不得解除合同。

（1）患病或非因工负伤且在规定医疗期内。

（2）女职工在孕期、产期、哺乳期内。

（续）

（3）员工因工负伤、医疗期终结，经市、区劳动鉴定委员会确定完全或部分丧失劳动能力。

第18条　公司员工解除劳动合同，应提前30日以书面形式通知相关部门及人员。

第19条　合同终止前30日内，公司与员工双方协商续订劳动合同，任何一方不同意续订的，则合同终止；双方同意续订的，合同终止后重新签订劳动合同。

第7章　知识产权归属

第20条　本合同所称的知识产权包括：著作权（版权）、专利权、注册商标权专用权和专有技术等。

第21条　员工为完成公司的工作任务或者主要利用公司的物质条件所创作的作品、发明创造、专有技术，是履行职务的行为，其知识产权归属公司，该员工无权申请相关权利。

第22条　对员工的职务发明创造，公司可视该发明创造对公司的贡献大小予以奖励。

第23条　员工在完成职务内工作的情况下，欲就与公司有一定竞争关系的课题自行研究开发的，应事先与公司就利用公司物质技术的范围、补偿办法以及所完成的技术成果的使用权、转让权、申请权和申请的权利归属达成书面协议。否则，均视作员工的职务行为，相关权利均归属公司。

第8章　商业秘密及竞业限制

第24条　经协商一致，公司与员工双方约定如下：

（1）公司的商业秘密是由公司研制开发或者以其他合法方式掌握的、未公开的、能给公司带来经济利益或竞争优势的、具有实用性并经公司采取保密措施的技术信息和经营信息。包括公司项目的实验结果和实验记录、数据、产品配方、生产工艺、制作方法等技术信息。

（2）员工在合同期内或离职后两年内，均应对公司的商业秘密保密。员工在合同期内或离职后两年内不能为自己或他人生产与公司有竞争关系的同类产品或经营同类业务，也不得到生产同类产品或经营同类业务且有竞争关系的其他企业任职。

（3）公司应在员工离职后给予员工竞业限制经济补偿。

①竞业限制经济补偿的标准为员工离职前12个月平均工资（含奖金收入）的一半。

②支付办法为：每月支付，由公司汇入员工在离职时指定的个人银行账号，直至____年期满。

③员工在离职后一个月内应当向公司通报自己的居住地、新的工作单位、联系方法等信息，以后每月应作相同通报。员工向公司通报的方法为有效的书面信函。若员工未向公司通报或中断通报的，视作该员工已违反竞业限制的约定，公司应停止向其支付竞业限制经济补偿；同时员工应向公司支付竞业限制违约金。

④员工离职后，公司有权对员工履行竞业限制约定的情况进行调查。若发现员工向公司作虚假通报，违反竞业限制约定的，公司有权要求员工返还公司已发的竞业限制经济补偿金，并向公司支付竞业限制违约金。

第9章　违约责任

第25条　员工违反法律规定或劳动合同约定而解除本劳动合同，对公司造成损失的，员工依法

（续）

给予赔偿。损失的范围包括但不限于：

（1）公司为员工支付的培训费用，双方另有约定的按约定办理。

（2）对生产、经营和工作造成的直接损失。如损失难以计算的，由员工按其解除劳动合同前 12 个月平均工资（含奖金收入）的两倍向公司支付赔偿金。不满 12 个月的，按实际工作的月数计算平均工资。

第 26 条 当事人约定的其他违约事项

（1）在劳动合同期内，公司对员工进行专业技术培训（含出国学习、考察、参展）的，双方应在培训开始或出国前另行约定员工的服务期、商业秘密和相关知识产权的保护、竞业限制等内容，作为合同的附件。

（2）员工在签订劳动合同前，公司有权了解员工与劳动合同直接相关的基本信息情况，包括但不限于员工的身份、学历、履历、资格或任职证书以及以前劳动关系是否解除或终止等情况。员工应如实说明，并应书面承诺其真实性。若因员工故意漏报、隐瞒基本情况，骗取公司签订合同的，公司有权依法申请认定本合同自始无效，由此给公司造成的损失，应由员工全额承担。

第 10 章 劳动争议调解和仲裁

第 27 条 公司成立劳动争议调解委员会，行使劳动争议的调解职能。

第 28 条 因履行劳动合同发生的争议，当事人可以向本公司劳动争议调解委员会申请调解，也可以直接向所在地区的劳动争议仲裁委员会提出仲裁申请。

第 11 章 附则

第 29 条 以往发布的有关制度中，如有与本制度冲突之处，以本制度为准。

第 30 条 本制度由人力资源部负责制定、修改和解释。

第 31 条 本制度自发布之日起生效。

编制日期		审核日期		批准日期	
修改标记		修改处数		修改日期	

13.3.2 劳动合同管理表单

1. 签订劳动合同通知书

<table>
<tr><td>填制部门</td><td></td><td>档案编号</td><td></td></tr>
<tr><td>审批人员</td><td></td><td>批准日期</td><td>____年__月__日</td></tr>
<tr><td colspan="4">尊敬的××先生/女士：
由于您入职（或原合同到期）后尚未与本公司签订书面劳动合同，现人力资源部通知您在收到本通知之后一周内与公司签订劳动合同。劳动待遇以录用通知（或原劳动合同约定的金额、规章制度规定的同岗位基准）待遇为准，订立合同地点为人力资源部办公室。
如您未在规定时间内与公司签订劳动合同，公司将根据《劳动合同法实施条例》的相关规定解除与您的劳动关系，并办理相关的退工手续。
特此通知！
××××公司（签章）
日期：____年__月__日</td></tr>
<tr><td colspan="4">回　执
本人已收到公司“签订劳动合同通知书”，通知书中告知了员工应在一周内按公平的原则订立劳动合同的相关事宜，特此确认。
员工（签字）：
日期：____年__月__日</td></tr>
</table>

2. 劳动合同变更通知书

<table>
<tr><td>填制部门</td><td></td><td>档案编号</td><td></td></tr>
<tr><td>审批人员</td><td></td><td>批准日期</td><td></td></tr>
<tr><td colspan="4">尊敬的××先生/女士：
根据《中华人民共和国劳动法》第____条第____款第____项的规定，公司决定对您于____年__月__日与公司签订的劳动合同作出如下变更。
具体内容：

特此通知！
××××公司（签章）
日期：____年__月__日</td></tr>
</table>

13.4 技术研发人员保密管理制度与表单

13.4.1 技术保密管理制度

以下是某公司的技术保密管理制度，供读者参考。

<table>
<tr><td rowspan="2">制度名称</td><td rowspan="2" colspan="3">技术保密管理制度</td><td>受控状态</td><td></td></tr>
<tr><td>编　　号</td><td></td></tr>
<tr><td>执行部门</td><td></td><td>监督部门</td><td></td><td>编修部门</td><td></td></tr>
<tr><td colspan="6">

第1章　总则

第1条　目的

为了保护本公司的技术秘密，防止无形资产的流失，根据国家相关法律法规，并结合公司的实际情况，特制定本制度。

第2条　技术保密的范围

1. 技术秘密的定义

本制度所称的“技术秘密”，是指被列入国家秘密的技术项目和被列为公司秘密的技术项目，由本公司组织研制研发或者以其他合法方式掌握的、未公开的、不应为本公司外所知晓的，能给本公司带来经济利益或竞争优势，具有实用性且本公司采取了保密措施的技术信息。

2. 技术秘密内容

技术秘密包括但不限于图纸、实验结果和实验记录、工艺、配方、样品、数据、制作方法、技术方案、计算机程序等。

第3条　技术保密工作的要求

技术保密工作的具体要求如下。

（1）技术秘密是一种重要的无形资产，保护公司的技术秘密是每位员工特别是技术人员的义务和责任，任何人不得利用职权和工作之便采取不法手段泄露、发表、使用、许可、出售、转让本公司技术秘密。

（2）各部门特别是技术研发部要把技术保密工作列入工作规划中，使技术保密工作真正落到实处。

（3）技术资料的存储应注意保密性，存储技术资料的电脑不能联网，对于浏览、复制、借用技术材料的行为应设置权限或者报批经领导同意。

第2章　组建技术保密小组

第4条　技术保密工作小组成员构成

公司成立技术保密工作小组，由主管技术的领导任组长，技术研发部经理任副组长。人力资源部

</td></tr>
</table>

（续）

为技术保密工作归口管理部门，负责技术保密的日常管理工作。

第5条 技术保密工作小组职责

技术保密工作小组职责如下。

（1）制订技术保密工作规划、计划、各项规章制度及保密协议，同时负责划定本公司内项目的密级等工作，并组织实施。

（2）研究解决技术保密工作中出现的重要问题。

（3）对技术保密工作开展情况督促检查和总结评比，并负责对泄密、失密事件的调查和处理，以及对重大特大泄密事件的上报及协同调查工作。

（4）组织员工学习技术保密的法律法规和公司保密规定，提高员工的保密意识。

第3章 技术保密相关人员管理

第6条 入职管理

人力资源部在调入新员工时，应当主动了解员工在原公司所承担的保密义务和竞业限制义务，以免侵犯他人的合法权益。

第7条 签订技术保密协议

（1）公司技术研发人员、行政管理人员以及可能知悉技术秘密的人员或业务相关人员，必须与法人签订保密协议。

（2）在职员工和新调入员工如应签而不同意签订保密协议，本单位将不予聘用。

第8条 离职申请处理规定

（1）对参与公司重大科技计划项目或者有关合同课题组的科技人员，在科技任务尚未结束前要求调离、辞职并可能泄露公司重大科技计划项目或科研任务所涉及的秘密而损害公司利益的，公司原则上不予批准。

（2）以上人员确有特殊情况需调离、辞职的，员工需与本单位再次签订保密协议，公司列专档跟踪其履行保密协议的情况。

（3）对未经同意强行离职的人员，公司列转档跟踪调查，一旦发现离职人员有违规行为，公司将通过法律程序保护本单位的合法权益。

第9条 离职处理

涉密行政管理人员、科技人员或者其他人员因各种原因离开公司时，其主管部门和人力资源部应以书面形式向该人员重申其保密义务和竞业限制义务，并向其新任职的单位通报该人员在原单位所承担的保密义务和竞业限制义务。

第10条 竞业限制规定

（1）对本公司技术权益和经济利益有重要影响的行政管理人员、技术人员和其他相关人员，在离开本公司三年内，不得在生产同类产品或经营同类业务且有竞争关系或者其他利害关系的公司内任职，不得自己生产、经营与本单位有竞争关系的同类产品或同类业务。

（续）

（2）科技人员或其他有关人员因各种原因离开公司后，利用掌握或接触到的公司所拥有的技术秘密，并在此基础上做出新的技术成果或技术创新，有权就新的技术成果或技术创新予以实施或者使用，但在实施或者使用时如利用了公司所拥有的、涉及其本人负有保密义务的技术秘密时，应当征得公司的同意，并按相关规定支付一定的使用费。

（3）未征得公司同意而利用公司的技术秘密，或者无证据证明有关技术内容为自行研发的新技术成果或技术创新的，有关人员和用人单位应当承担相应的法律责任。

第4章　涉外活动中的技术保密管理

第11条　对外宣传资料管理

公司对外宣传机构的有关人员在发布（表）新闻、通讯和报告文学作品，以及其他人员对外发表文章时，不得涉及公司技术秘密的实质性内容，其稿件必须经过技术研发部审核确认不会造成泄密后方可发表。

第12条　组织外来活动管理

公司外人员、外商等来公司培训、学习、参观、考察、洽谈生意时，若涉及公司技术秘密的，须报技术主管领导和公司总经理批准，接待访问的部门要有专人负责保密工作，并按指定的路线和范围进行参观、考察、指导。

第13条　学术交流活动管理

公司有关人员在参加国内外学术交流活动时（包括讲学、发表论文、参加会议、参观访问、提供咨询、通信联系、洽谈生意等），应严格保守公司的技术秘密，不透露公司技术秘密和不向他人提供载有公司技术秘密的资料和物品等。

第14条　参展项目管理

在国内外各类展览会的参展项目，凡涉及技术秘密的，经技术研发部呈主管领导批准后方可参展，办理参展工作的人员应严格保守公司的技术秘密。

第15条　业务合作管理

对外合资合作项目和公司技改项目，凡涉及技术秘密的，与合作方和外来单位应签订保密协议或在合同中增加保密条款。

第5章　技术保密文件管理

第16条　技术秘密文件日常管理

对载有技术秘密的文件材料、图纸、磁（光）盘、图像、声像等资料及样品，必须注明保密字样和密级，并根据密级采取不同的保密措施，严格执行查阅、借阅制度。

第17条　档案管理

公司及各部门档案库存资料所涉及的技术秘密，应按照“档案资料保密规定”办理。

第18条　离职文件交接

离休、退休、辞职或调离的员工，在离开公司前必须将在公司从事科技工作的全部技术资料、实

（续）

验材料、实验设备和产品等交回公司，不得擅自复制、发表、泄露、使用或转让涉及公司技术秘密的技术资料和物品等。

第6章 奖励与处罚

第19条 奖励规定

公司对在技术保密工作中做出突出成绩的人员和部门给予奖励，对有突出贡献的人员和单位给予特别嘉奖。

第20条 处罚规定

（1）对未按本规定实施技术保密管理或因管理不善造成秘密泄露的，除对直接责任者按有关规定给予相应的行政处罚外，还将追究所属单位主要负责人的责任，并对直接责任者和所属单位给予一定的经济处罚。

（2）对以谋取个人或小集体利益为目的，蓄意泄露公司技术秘密，给公司造成重大损失和严重后果的，公司将追究其法律责任。

（3）各级技术保密管理人员因玩忽职守致使公司的技术秘密泄露、给公司造成经济损失、削弱公司竞争能力的，公司将视情节轻重给予不同程度的行政处分和经济处罚；对明知故犯者加重处罚。

（4）对泄露公司技术秘密，给公司造成直接和间接经济损失，削弱公司竞争能力的，由公司技术保密小组负责调查核实，并提出初步处理意见，报公司批准后执行。

第7章 附则

第21条 本制度自发布之日起执行

第22条 本制度与国家有关法律法规及上级主管部门的有关文件相抵触时，以国家有关法律法规及上级主管部门的有关文件为准

编制日期		审核日期		批准日期	
修改标记		修改处数		修改日期	

13.4.2 技术保密管理表单

1. 涉密人员等级审批表

姓名		所在部门	
参与技术项目名称		技术项目等级	
原涉密岗位		原涉密人员等级	
拟进入的涉密岗位		拟定涉密人员等级	
确定（变更）涉密人员等级的依据（可添加附件）			
涉密人员提出拟定涉密等级的理由			
所在部门意见	签署具体意见 签字：　　日期：____年__月__日		
人力资源部意见	签署具体意见 签字：　　日期：____年__月__日		
技术研发部意见	签署具体意见 签字：　　日期：____年__月__日		

2. 保密资料使用申请清单

资料名称	详细说明	份数	使用时间	资料管理人	备注
申请事项					
审批意见	审批人： 日期：____年__月__日				

13.4.3 技术泄露处理办法

以下是某公司的技术泄露处理办法，供读者参考。

<table>
<tr><td rowspan="2">制度名称</td><td rowspan="2" colspan="3">技术泄露处理办法</td><td>受控状态</td><td></td></tr>
<tr><td>编　　号</td><td></td></tr>
<tr><td>执行部门</td><td></td><td>监督部门</td><td></td><td>编修部门</td><td></td></tr>
<tr><td colspan="6">

第1章　总则

第1条　目的

为加强对技术泄密事件的查处力度，及时补救泄密后果，降低公司的损失，保护公司的利益，特制定本办法。

第2条　适用范围

本办法适用于公司所有员工的技术保密工作。

第3条　管理组织与职责

公司所有员工都有义务保守公司的技术秘密，并在发现技术秘密外泄时立即上报。公司成立技术保密工作小组，负责监督日常技术保密工作和处理技术泄密事件。

（1）技术保密小组成员的构成。

技术保密小组组长为负责公司技术工作的主管副总，组员构成如下。

①技术研发部经理及其指派的下属人员。

②人力资源部经理及其指派的下属人员。

③主管副总或公司总经理认命的其他人员。

（2）泄密事件查处的工作内容如下。

①查明泄露的技术秘密事项的内容与密级、危害程度、主要情节和有关责任人。

②采取必要的补救措施。

③根据国家的有关法律法规和公司的惩罚办法对泄密责任人进行处理。

④针对泄密事件暴露出的问题，提出改进和加强保密工作的意见。

第2章　泄密事件的上报

第4条　发现泄密事件的处理

（1）公司员工发现泄密事件时，应及时上报上级领导，在紧急情况下，可直接向技术保密小组汇报。汇报必须以书面形式报告，若时间紧迫采用口头方式汇报的，之后应补交书面报告。

（2）技术保密工作小组在工作中发现泄密行为时，应及时了解情况，尽快做出处理。

第5条　泄密事件报告的内容

泄密事件报告的内容主要包括四个方面，具体如下图所示。

</td></tr>
</table>

（续）

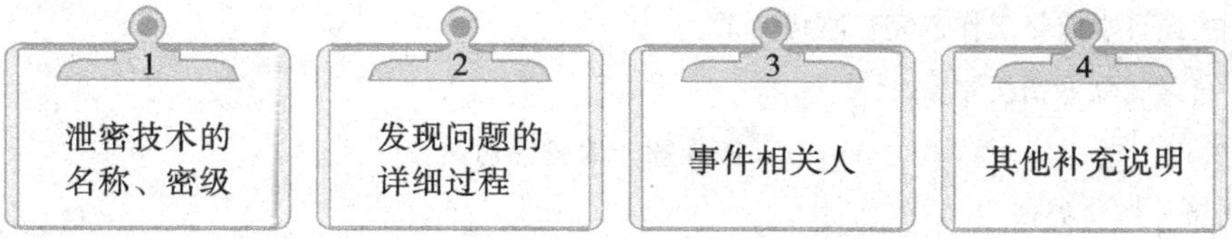

泄密事件报告的内容

第6条　其他说明

属于公司秘密的文件、资料或其他物品下落不明的，按发现之日起算，绝密级10日内，机密、秘密级20日内查无下落的，应当按泄密事件处理。

第3章　泄密事件调查与补救

第7条　泄密事件处理原则

泄密事件处理的基本原则如下。

（1）实事求是原则。

（2）依法办事原则。

（3）手续完备、及时整改原则。

第8条　泄密事件调查及取证

技术保密小组在发生技术泄密事件后，应立即对泄密事件进行全面调查，了解泄露的秘密内容和密级、造成或者可能造成危害的范围和严重程度、事件的主要情节和有关责任者，及时查找并取得有力的证据。

需由公安机关破案的，要同时向案发所在地的公安机关报案。

第9条　泄密补救措施

公司发生泄密事件后，技术保密小组必须针对泄密技术的相关情况，立即采取补救措施，尽量将损失降至最低。

第10条　请示工作

技术保密小组在泄密查处中需要向公司总经理或董事会请示的，须及时报告。上级机构或人员应当尽快给予答复。

第11条　期限内查处未果处理

发生泄密事件后，因特殊情况在三个月内未能结案的，技术保密小组应当在规定的时限内报告查处进展情况和未查结的原因。

第12条　改进保密工作

技术保密小组在人力资源部的协助下，根据此次泄密事件进行总结。

（1）完善保密制度与保密协议，建立保密工作全员责任制。

（2）严格保密纪律，开展技术保密工作宣讲活动。

（续）

（3）加强日常监督工作，完善监督体系。

（4）完善奖励惩罚机制。

第 4 章　泄密惩罚

第 13 条　依法处理

对违反国家相关法律法规的泄密行为，根据国家相应的法律规定进行处理。

第 14 条　公司的惩罚办法

技术保密小组和人力资源部在权限内对泄密责任人进行惩罚。

（1）泄露秘密级公司技术秘密的，应给予警告或者记过处分，并赔偿相关损失。

（2）泄露机密级公司技术秘密的，应给予警告或者记过处分，并赔偿相关损失。

（3）泄露绝密级公司技术秘密的，应给予记大过、降级、降职、撤职、留用察看或者开除处分，并赔偿相关损失。

（4）未按规定处理泄密事件和落实查处结果的，技术保密小组和人力资源部将对责任部门或人员进行通报批评。

（5）对发生泄密事件隐匿不报或故意拖延报告时间而造成严重后果的，应当追究有关部门或人员的责任。

第 5 章　技术泄密事件处理报告

第 15 条　泄密事件结案条件

泄密事件结案条件如下。

（1）泄密事件已经调查清楚。

（2）已经采取必要的补救措施。

（3）对泄密责任者已经作出处理。

（4）已经采取加强保密工作的措施。

第 16 条　泄密事件处理报告内容

技术保密小组在处理技术泄密事件后，需撰写技术泄密处理报告并交公司总经理审批。泄密事件处理报告内容如下。

（1）被泄露秘密事项的内容、密级、数量及其载体形式。

（2）泄密事件的发现经过。

（3）泄密责任人的基本情况。

（4）泄密事件发生的时间、地点及经过。

（5）泄密事件造成或可能造成的危害。

（6）已进行或拟进行的查处工作情况。

（7）已采取或拟采取的补救措施。

（8）对有关泄密责任人的处理情况。

（续）

（9）造成泄密事件的主要原因。 （10）采取的补救措施和加强保密工作的措施。 **第6章 附则** 第17条 本办法由人力资源部负责制定、修改和解释 第18条 本办法自颁布之日起执行					
编制日期		**审核日期**		**批准日期**	
修改标记		**修改处数**		**修改日期**	

13.4.4 技术泄露处理表单

泄密处罚措施表

泄密原因	影响程度	惩罚措施
由于过失泄露公司技术秘密的	尚未造成严重后果或经济损失	批评，并处以____元至____元不等的罚款
	造成严重后果或经济损失的	降职，并处以____元至____元不等的罚款
通过窃取、刺探、收买或违规等故意行为向他人提供公司技术秘密的	尚未造成严重后果或经济损失	开除处理，并处以____元至____元不等的罚款
	造成严重后果或经济损失的	开除处理，并处以____元至____元不等的罚款，必要时依法追究其法律责任
利用职权强制他人违反规定的	尚未造成严重后果或经济损失	开除处理，并处以____元以上的罚款，必要时依法追究其法律责任